Konkubinat

Peter Rippmann

Konkubinat

Ein Ratgeber aus der
Beobachter-Praxis

Der Autor, Dr. phil. Peter Rippmann,
geb. 1925, war bis 1988 als Mitglied der Chefredaktion des
Schweizerischen Beobachters tätig und arbeitet heute als
freier Publizist.

Beobachter-Buchverlag 1983
6., neu überarbeitete Auflage 1993
© Jean Frey AG, Zürich

Herausgeber: Der Schweizerische Beobachter, Zürich
Gesamtredaktion: Käthi Zeugin, Zürich
Lektorat: Irmtraud Bräunlich Keller, Ettingen
Umschlag: Benker & Steiner, Zürich
Herstellung: Manfred Neugebauer, Grüt

ISBN 3 85569 118 5

Inhalt

Vorwort **9**

Konkubinat heute 11
Bestandesaufnahme 12
Konkubinat und Rechtsstaat 15

Verträge 17
Ist denn kein Verlass auf den Partner? 18
Muss ein Partner für Verpflichtungen des anderen einstehen? 20
Soll Vermögen gemeinsam verwaltet werden? 21
Soll man mit der Unterschrift für Freund oder Freundin einstehen? 22
Vermieter und Konkubinat 23
Was gilt bei gemeinsamem Grund- oder Liegenschaftsbesitz? 28
Kann man vom Partner, für den man arbeitet, Lohn verlangen? 29
Betreibung: Auch der Partner wird indirekt zur Kasse gebeten! 33
Wie versichert man sich optimal? 34
Amtliche Mitteilungen und andere eingeschriebene Sendungen 36
Soll man einen Konkubinatsvertrag abschliessen? 38

Schenken und Vererben 41
Materielle Sicherstellung des Partners 42
Was tun, damit ein Partner beim Tod des Gefährten
nicht leer ausgeht? 45
Kann man die strenge Pflichtteilsregelung umgehen? 47
Wie hoch sind die Erbschaftssteuern? 49

Geschiedene Partner 51
Ansprüche einer Konkubinatspartnerin gegenüber ihrem Exmann? 52
Scheidungsprozess und Konkubinat 62
Lassen sich Verpflichtungen aus einer früheren Ehe abschütteln? 63

Ausländer 65
Wenn Ausländer mit einem schweizerischen Partner
zusammenleben 66
Keine Menschenrechte für Konkubinatspartner? 67

Kinder 71
Kinder im Konkubinat: Motiv zur Legalisierung 72
Wer erhält die elterliche Gewalt? 73
Was geschieht mit Kindern nach Auflösung des Konkubinats? 75
Kann ein Kind den Namen seines Vaters annehmen? 76
Stiefkinder in einer Ehe ohne Trauschein 83
Gibt es für Konkubinatsfamilien Transportvergünstigungen? 85
Konkubinat und künstliche Befruchtung 85

Soziale Sicherheit 89
Wird das Konkubinat von der AHV begünstigt? 90
Gibt es Nachteile im Bereich der Alterssicherung? 91
Lohn für die Gefährtin? 92
Gibt es Renten der Pensionskasse für unverheiratete Partner? 94
Berücksichtigt die Fürsorgebehörde das Einkommen des
Konkubinatspartners? 95
Was ist beim Unfalltod eines Partners vorzukehren? 98
Was ist bei der medizinischen Betreuung zu beachten? 100
Ist es für Studierende vorteilhaft, im Konkubinat zu leben? 102

Trennung 103
Wo liegt der Unterschied zur Scheidung? 104
Wie kann man eine Gemeinschaft, in der es kriselt, retten? 105
Was ist nach dem endgültigen Bruch vorzukehren? 106
Lohnt es sich, um seine Rechte zu kämpfen? 107
Welche Kriterien gelten bei der vermögensrechtlichen
Auseinandersetzung? 110
Wie lässt sich ein Prozess vermeiden? 112
Was geschieht nach der Trennung mit gemeinsamen Kindern? 114

Strafrechtliches 117
Was geschieht bei Inhaftierung des Lebenspartners? 118
Muss man gegen Freund oder Freundin aussagen? 119
Was geschieht, wenn ein Partner den Lebensgefährten bestiehlt? 120
Kann man die Freundin vergewaltigen? 121
Konkubinatsverbote: bewältigte Vergangenheit 122

Steuern 127
Die Steuervorteile des Konkubinats werden zusehends kleiner! 128
Unverheiratete zahlen weniger Feuerwehrsteuern 133
Steuerliche Mehrbelastungen der Ehe ohne Trauschein 134
Was ist bei Aufgabe der Erwerbstätigkeit zu beachten? 137
Kinderabzüge im eidgenössischen Steuerdschungel 138
Wo zahlen Konkubinatspaare Steuern? 140

Weltanschauliches 145
Was sagt die protestantische Kirche? 146
Was sagt die katholische Kirche? 148

Anhang 153
Konkubinatsverträge 154
Mustertestament für Konkubinatspaare 158
Muster für Schuldanerkennungen und Darlehensverträge 159
Adressen und praktische Hinweise 161
Abkürzungen und Literatur 176

Vorwort

Noch vor wenigen Jahrzehnten galt das Konkubinat gemeinhin als öffentliches Ärgernis, das in einigen Kantonen sogar eigentliche Strafverfahren auslöste. Heute aber ist das zivilstandsamtlich nicht abgesegnete Zusammenleben von Mann und Frau (und Kind!) in einer Wohngemeinschaft zur allgemein anerkannten Selbstverständlichkeit geworden. Unbefriedigend und ungelöst bleibt allerdings die rechtliche Stellung der Konkubinatspartner. Ein entsprechend hoher Preis ist denn auch beim Verzicht aufs Heiraten zu entrichten. Die Schutzbestimmungen des Eherechts beispielsweise im Zusammenhang mit der gesetzlich vorgeschriebenen gegenseitigen Unterstützungspflicht oder beim Erben können nicht angerufen werden. Ungebundenheit und Freiheit, zwei Tugenden, die viele unverheiratete Paare hochhalten, haben also ihre Kehrseite. Kommt es zu Konflikten oder gar zur Trennung, so hat oft genug der schwächere Teil das Nachsehen.

In der Zeit des Honigschleckens wird man an solche scheinbar ferne Krisensituationen keinen Gedanken verschwenden wollen. Dass man es trotzdem tun sollte, dafür liefert unser Ratgeber eine grosse Zahl von Beispielen. Er vermittelt dabei nicht graue Theorie, sondern aufgrund einer jahrzehntelangen Erfahrung lebendigen Anschauungsunterricht über Höhen und Tiefen der Ehe ohne Trauschein.

Weil es kein eigentliches Konkubinatsrecht gibt, sondern nur eine Gerichtspraxis in Einzelfällen, war und bleibt die Zusammenfassung vieler Gerichtsentscheide – die Juristen sprechen von Kasuistik – unerlässlich. An den Betroffenen ist es, ihre eigenen Probleme an den dargestellten Fallbeispielen zu messen. Eilige Leserinnen und Leser werden anhand der Kapitelüberschriften ohne weiteres herausfinden, welche Abschnitte sie überspringen können und welche sie mit besonderer Aufmerksamkeit zur Kenntnis nehmen sollten.

Im übrigen gilt eine grosse Zahl von kritischen Analysen, von Ratschlägen und Anregungen unseres Ratgebers auch für andere Formen der Partnerschaft, beispielsweise für gleichgeschlechtliche Beziehungen, für Zweckfreundschaften während der Ausbildung oder für Wohngemeinschaften von Senioren.

Peter Rippmann

Fünftel, in ländlichen weniger, erreicht aber sogar im «konkubinatsfeind-lichsten» Appenzell-Innerrhoden 10,25 Prozent bei den kinderlosen Paaren und 1,16 Prozent bei jenen mit Kindern. Weitere Einzelheiten zeigt die nebenstehende Tabelle des Statistischen Amtes. Besonders aussagekräftig erweist sich ein Blick auf die Paare mit und ohne Kinder. Auf rund 120 000 kinderlose Lebensgemeinschaften fallen nur 26 000 mit Nachwuchs. Die Volkszählung von 1990 bestätigt damit eine schon früher nachgewiesene Tendenz: In der Regel stellt das Konkubinat nichts anderes dar als eine Zwischenstation, die zur Ehe führt, sobald sich ein Kind ankündigt.

Im Verlag Haupt ist 1989 unter dem Titel «Weichenstellungen» eine Studie erschienen, die sich mit dem Thema «Lebensformen im Wandel und Lebenslagen junger Frauen» befasst. Es handelt sich um die Auswertung einer vom Schweizerischen Nationalfonds unterstützten Studie, die 1986 mit 587 Frauen aus der Agglomeration Zürich durchgeführt wurde. Aus dem Werk sei hier die Tabelle «Lebenssituation junger Frauen nach Alter» wiedergegeben.

Alter	Wohnsituation						
	Bei Eltern	Allein	Mit Freundin	Mit Freund	Ver-heiratet	In WG	Anderes
17 J.	83,1 %	6,0 %	1,7 %	0,7 %	0,0 %	0,9 %	7,7 %
18 J.	73,4 %	11,1 %	2,4 %	3,7 %	0,3 %	2,0 %	7,0 %
19 J.	63,0 %	15,5 %	3,4 %	7,3 %	2,2 %	3,2 %	5,3 %
20 J.	45,5 %	20,3 %	4,9 %	16,0 %	5,1 %	3,1 %	5,1 %
21 J.	32,1 %	21,7 %	4,6 %	21,3 %	10,9 %	4,1 %	5,3 %
22 J.	23,2 %	22,3 %	4,5 %	25,1 %	15,9 %	4,5 %	4,5 %
23 J.	14,5 %	23,8 %	4,9 %	24,6 %	24,0 %	4,7 %	3,5 %
24 J.	11,9 %	23,3 %	4,3 %	21,7 %	31,5 %	4,7 %	2,7 %
25 J.	5,5 %	23,7 %	4,2 %	21,1 %	38,3 %	5,2 %	2,1 %
26 J.	3,8 %	21,3 %	3,1 %	20,4 %	43,9 %	4,1 %	3,4 %
27 J.	1,2 %	19,7 %	2,4 %	18,9 %	52,0 %	3,5 %	2,4 %
28 J.	1,2 %	19,3 %	1,9 %	13,7 %	57,8 %	3,1 %	3,1 %

Man darf die Zürcher Momentaufnahme aus dem Jahr 1986 nicht gesamt-schweizerischen Verhältnissen gleichsetzen. Aber die Zahlen vermitteln doch einen allgemeinen Trend. Aufschlussreich ist, dass von den 23jähri-gen Frauen etwa gleich viele (etwas unter 25 Prozent) entweder mit dem Freund zusammenleben oder schon verheiratet sind. Mit zunehmen-dem Alter steigt die Zahl der verheirateten signifikant: Von den 28jährigen führen nur noch etwas mehr als 13 Prozent eine Ehe ohne Trauschein, während 57,8 Prozent bereits im Hafen der Ehe gelandet sind.

Ein auffallend hoher Prozentsatz junger Frauen, die mit einem Freund zusammenleben, hat den Wunsch nach Kindersegen zum Ausdruck gebracht. Bloss drei Prozent möchten auf Kinder verzichten; zehn Prozent haben sich zu dieser Frage noch keine feste Meinung gebildet; aber volle 86 Prozent planen eigenen Nachwuchs, 58 Prozent würden einer Zwei-Kinder-Familie den Vorzug geben.

In der gleichen Studie wurde auch versucht, die Dauerhaftigkeit der Ehe ohne Trauschein zu erfassen. Das Resultat:

Nichteheliches Zusammenleben					
Alter der Befragten	22/23	24/25	26/27	28/29	Total
Anzahl Befragte	119	129	153	183	584
Vom 17. Altersjahr an mit Freund gelebt:					
● nie oder weniger als 1 Jahr	60 %	59 %	44 %	39 %	49 %
● 1–2 Jahre	24 %	19 %	29 %	26 %	25 %
● 3–5 Jahre	16 %	19 %	22 %	24 %	21 %
● 6 Jahre und mehr	–	3 %	5 %	11 %	5 %

Auch hier wird deutlich, dass sogar in den beinahe grossstädtischen Verhältnissen von Zürich das Konkubinat noch immer eher ein Durchgangsstadium ist und kein Dauerzustand. Man beachte die Kolonne der 28/29jährigen jungen Frauen. Die eheähnliche Verbindung dauerte nur in 11 Prozent der Fälle sechs Jahre und mehr. Bei ungefähr je einem Viertel betrug die Dauer des nichtehelichen Zusammenlebens ein bis zwei bzw. drei bis fünf Jahre. «Der Typus der Probe-Ehe dominiert, wogegen langjährige Ehen ohne Trauschein bisher selten geblieben sind», um es mit einem Satz von François Höpflinger, einem der Autoren der Studie, zu sagen.

Konkubinat und Rechtsstaat

Die Unterschiede zwischen Ehe mit und Ehe ohne Trauschein beginnen sich zu verwischen; längst ist das Konkubinat zur selbstverständlichen, in und von der Gesellschaft anerkannten Form des Zusammenlebens geworden. Wie gewaltig die Unterschiede trotzdem geblieben sind, zeigt sich eigentlich erst dort, wo Sand ins Getriebe gelangt.

Für Verheiratete hält das Zivilgesetzbuch eine grosse Zahl von Bestimmungen bereit, durch die die verschiedensten Konflikte wenigstens in materieller Hinsicht einigermassen korrekt gelöst werden können. Ein vergleichbares Instrument für den Krisenfall steht jedoch den unverheirateten Partnern nicht zur Verfügung. Rechtsstaatlichen Schutz kann nur verlangen, wer eine gesetzlich abgesicherte Gemeinschaft begründet. Wer sich aus Abneigung gegen hergebrachte Lebensformen und Paragraphen oder aus anderen Gründen zur freien Partnerschaft entscheidet, der wählt damit zwangsläufig auch das damit verbundene Risiko.

Risiko bedeutet in erster Linie, dass sich Partnerin und Partner meist nicht auf klare Gesetzesbestimmungen verlassen können. Für Paragraphenreiter eignet sich die Ehe ohne Trauschein nicht. Vielmehr muss von Fall zu Fall entschieden werden, von welchem Rechtsverhältnis auszugehen ist. Das macht aus mancher Auseinandersetzung eine Lotterie.

> Der Gesetzgeber kann in Bereichen der persönlichen Lebensführung das Verhalten der Bevölkerung nur sehr geringfügig beeinflussen. Er kann insbesondere einen gesellschaftlichen Wandel nicht hindern. Die persönliche Lebensführung der Leute richtet sich weit mehr nach den ausserrechtlichen Normen der Moral und Sitte als nach den Rechtsnormen.
>
> Thomas Geiser, Jurist

Als brauchbare Hilfskonstruktion erweist sich nach allgemeiner Auffassung die Anwendung der gesetzlichen Bestimmungen über die «einfache Gesellschaft» nach Artikel 530 bis 551 des Obligationenrechts (siehe auch «Welche Kriterien gelten bei der vermögensrechtlichen Auseinandersetzung?», Seite 110). Sie können von unverheirateten Partnern mit Gewinn konsultiert werden, auch wenn sie nicht daran denken, zur Beilegung eines Konflikts die Justiz anzurufen. Einige zentrale Stellen

seien nachstehend zitiert; sie sind instruktiv vor allem im Zusammenhang mit dem Thema der Gleichberechtigung, mit der es in manchem
Konkubinat genau so hapert wie in der «normalen» Ehe.

530/OR Die einfache Gesellschaft ist die vertragsmässige Verbindung von zwei oder mehreren Personen zur Erreichung eines gemeinsamen Zweckes mit gemeinsamen Kräften oder Mitteln.

531/OR Jeder Gesellschafter hat einen Beitrag zu leisten, sei es
in Geld, Sachen, Forderungen oder Arbeit. Ist nicht etwas anderes
vereinbart, so haben die Gesellschafter gleiche Beiträge und zwar
in der Art und dem Umfang zu leisten, wie der vereinbarte Zweck
es erheischt.

533/OR Wird es nicht anders vereinbart, so hat jeder Gesellschafter, ohne Rücksicht auf die Art und Grösse seines Beitrages, gleichen
Anteil an Gewinn und Verlust.

545/OR Die Gesellschaft wird aufgelöst, wenn der Zweck, zu
welchem sie abgeschlossen wurde, erreicht oder wenn dessen Erreichung unmöglich geworden ist … Aus wichtigen Gründen kann die
Auflösung der Gesellschaft vor Ablauf der Vertragsdauer oder, wenn
sie auf unbestimmte Dauer abgeschlossen worden ist, ohne vorherige
Ankündigung verlangt werden.

546/OR Ist die Gesellschaft auf unbestimmte Dauer oder auf
Lebenszeit eines Gesellschafters geschlossen worden, kann jeder
Gesellschafter den Vertrag auf sechs Monate kündigen. Die Kündi-
gung soll jedoch in guten Treuen und nicht zur Unzeit geschehen.

549/OR Verbleibt nach Abzug der gemeinschaftlichen Schulden,
nach Ersatz der Auslagen und Verwendungen an einzelne Gesellschafter und nach Rückerstattung der Vermögensbeiträge (an den
einzelnen Gesellschafter) ein Überschuss, so ist er unter die Gesellschafter als Gewinn zu verteilen. Ist nach Tilgung der Schulden und
Ersatz der Auslagen … das gemeinschaftliche Vermögen nicht ausreichend, um die geleisteten Vermögensbeiträge zurückzuerstatten, so
haben die Gesellschafter das Fehlende als Verlust zu tragen.

Die nüchterne Juristensprache des Obligationenrechts kann leicht zur
Auffassung führen, es sei ja alles bestens geregelt. Doch präsentiert sich
die Wirklichkeit ganz anders – das belegen die nachstehenden Kapitel.

Verträge

Ist denn kein Verlass auf
den Partner?

*Das Vertrauensprinzip spielt im gesamten Rechtsleben eine zentrale
Rolle. Beim Auseinanderbrechen einer Freundschaft verliert es jedoch
jede Aktualität. Dann stellt sich vielmehr die Frage, wer denn was
gegenüber wem wie beweisen kann ...*

In Erinnerung zu rufen ist die wohltuende Tatsache, dass das schweizerische Recht bei vertraglichen Abmachungen nur in ganz wenigen Ausnahmen – zum Beispiel bei Kauf und Verkauf von Liegenschaften – schriftliche Vereinbarungen verlangt. Die Gültigkeit eines Vertrages hängt also
nicht davon ab, ob er schriftlich aufgesetzt oder nur mündlich vereinbart
wurde. Und es ist deshalb durchaus realistisch, auch im Konkubinat
davon auszugehen, dass man sich auf den Partner verlassen kann. Wie
sollte es anders sein, wenn man sich gern hat!

Dennoch: Wenn sich das unverheiratete Paar aus irgendwelchen Gründen auseinanderlebt, wenn sich die beiden nicht mehr gleich gern haben,
dann fällt die Hauptvoraussetzung für das einwandfreie Funktionieren
einer Freundschaft in sich zusammen: Im Fall einer Trennung ist kein
Verlass darauf, dass die «Scheidung» der Ehe ohne Trauschein von
beiden in gleicher Weise loyal über die Bühne gebracht wird.

Die vertragsrechtlichen Fragen und Komplikationen, die sich im
Zusammen- (und Auseinander-)leben zweier unverheirateter Partner
ergeben können, sollen in unserem Ratgeber – im Gegensatz zu anderen,
im Anhang erwähnten Publikationen – nicht durch das ganze Obligationenrecht hindurch herunterbuchstabiert werden. Vielmehr wird versucht,
einige besonders häufig wiederkehrende Situationen zu erörtern. Nicht
zu vermeiden ist dabei der immer gleiche Refrain: Wer sich gegen
unangenehme Überraschungen absichern will, wird auf dem Abschluss
eines Konkubinatsvertrages beharren (Beispiele siehe Anhang, Seite 154)
oder wenigstens in wichtigen Teilfragen die schriftliche Form wählen
müssen, wohlverstanden auch und vor allem dann, wenn die Partnerschaft noch reines Honigschlecken ist. Denn wenn Streit ausbricht, ist
es in der Regel nicht mehr möglich, das Versäumte nachzuholen.

Wer zahlt was?

Wie in der Ehe auch treffen zwei Partner im Zeitpunkt, da die Bett- und Tischgemeinschaft aufgenommen wird, stillschweigende oder auch ausdrückliche Abmachungen darüber, wer welche finanziellen Leistungen zur Bestreitung der gemeinsamen Kosten erbringt. Es gibt hier keine Regeln, an die man sich halten könnte oder halten müsste. Vielmehr lässt die sogenannte Vertragsfreiheit die verschiedensten Varianten zu. Es braucht also keine schriftlichen, ja nicht einmal mündliche Vereinbarungen. Auch stillschweigende Abmachungen können bindend sein, dies vor allem dann, wenn sich die Beteiligten auf Dauer und unter gleichbleibenden Verhältnissen immer wieder gleich verhalten. Ist beispielsweise ein Partner während Monaten für die Miete und für den Unterhalt des Motorfahrzeuges aufgekommen und hat seine Gefährtin die übrigen Lebenshaltungskosten bestritten, so können sich beide auf dieses «Gewohnheitsrecht» berufen. Trotzdem ist Vorsicht am Platz, weil derartige Vereinbarungen wiederum aufgrund der gleichen Vertragsfreiheit jederzeit geändert werden können. Ein böswilliger Partner hat es beim Fehlen schriftlicher Vereinbarungen in der Hand, solche Änderungen zu behaupten, selbst wenn sie gar nie erfolgt sind.

Vertrauen auf den Erbfall

Oft leisten Konkubinatspartnerinnen oder -partner intensive Betreuungs- und Pflegearbeit. Sie vertrauen dem Versprechen des Gefährten, er werde sie dereinst in seinem Testament entschädigen. Wenn's dann ans Erben geht, müssen sie nicht selten einsehen, dass sie von einem Geizkragen ausgenützt worden sind. Er hat sein Versprechen nicht eingelöst, und ohne Testament fällt das ganze Erbe den gesetzlichen Erben zu. Wenn eine Bezahlung für solche ausserordentlichen Dienste zu Lebzeiten nicht möglich ist, sollten die Partner eine Entschädigung schriftlich vereinbaren. Das kann in einem Erbvertrag geschehen (den beide Partner unterzeichnen und der öffentlich beurkundet wird) oder in einer einfachen Schuldanerkennung (Muster siehe Anhang, Seite 159).

Muss ein Partner für Verpflichtungen des anderen einstehen?

Jeder Konkubinatspartner kann autonom handeln, das heisst ohne Rücksicht auf den anderen und ohne diesen mit seinen Dispositionen zu verpflichten. Aber in der Alltagspraxis kann diese Regel durch vielfältige Varianten in Frage gestellt werden.

Die Theorie von der rechtlichen Autonomie zweier zusammenlebender Partner erweist sich immer dann als brüchig, wenn zwei Lebensgefährten nach aussen wie Verheiratete auftreten. Trägt sich ein Paar beispielsweise im Hotel oder in der Pension als «Hans X» und «Frau Gertrud X, geb. Z» ein, so kann der Hotelier nach Treu und Glauben davon ausgehen, es tatsächlich mit Eheleuten zu tun zu haben. Er wird also ohne weiteres eine Bestellung der vermeintlichen Ehefrau entgegennehmen und ausführen, als sei sie vom «Ehemann» ausgegangen. Dieser haftet für die entsprechende Konsumation und könnte sich nicht darauf berufen, seine Gefährtin habe in Überschreitung ihrer Kompetenzen gehandelt.

Dazu noch ein Beispiel: Ist die Rechnung des Metzgers, des Lebensmittelhändlers oder des Milchmannes während Monaten korrekt beglichen worden und ging dieser davon aus, ein Ehepaar beliefert zu haben, so kann er auch nach Auffliegen einer Partnerschaft von beiden Partnern Bezahlung für weitere Lieferungen verlangen, unabhängig davon, wer die Bestellung aufgegeben hat. Dies jedenfalls dann, wenn ihn die Kunden nicht auf ihr Auseinandergehen aufmerksam machten.

Im alten Eherecht ging man von der sogenannten Schlüsselgewalt aus, mit der die Dispositionsrechte der Ehefrau eingeschränkt wurden. Im neuen Eherecht sind die Spiesse beider Partner gleich lang. Artikel 166 ZGB beispielsweise schreibt vor: «Jeder Ehegatte vertritt während des Zusammenlebens die eheliche Gemeinschaft für die laufenden Bedürfnisse der Familie.» Beide können, unabhängig von der gelebten Rollenverteilung, den anderen durch ihre Dispositionen in einem bestimmten Ausmass – welches der alten Schlüsselgewalt entspricht – verpflichten. Dabei lässt sich das, was «im Rahmen liegt», nicht allgemein definieren. In ausgesprochen bescheidenen Verhältnissen kann bereits die Anschaffung eines Radios als Überschreitung dieses Verfügungsrechts aufgefasst werden; umgekehrt könnte ein Bankdirektor zur Bezahlung eines Fernsehgerätes verpflichtet werden, das seine Frau (oder Freundin, die sich mit seinem Einverständnis als Ehefrau ausgibt) hinter seinem Rücken kaufte.

Es gibt natürlich – wie in vielen anderen Bereichen des noch ungeschriebenen Konkubinatsrechts – keine fixfertigen Regeln zur Beurteilung solcher Fälle. Um so grössere Bedeutung kommt den Bestimmungen des Zivilrechts zu, in denen das sogenannte Vertrauensprinzip umschrieben wird: Grundsätzlich muss auf das abgestellt werden, was nach Treu und Glauben als rechtsetzendes Handeln aufgefasst werden kann.

Soll Vermögen gemeinsam verwaltet werden?

Uneingeschränktes gegenseitiges Vertrauen spricht für ein Ja, die Vernunft dagegen eindeutig für ein Nein!

Aufgrund des Vertrauensprinzips haben in vielen Lebensgemeinschaften beide Gefährten praktisch ungehindert Zugriff auf Vermögenswerte des andern. Man benützt nicht nur den gleichen Wagen, sondern auch das gleiche Bank- oder/und Postcheckkonto.

Geht die Gemeinschaft in die Brüche, so können derartige Beweise gegenseitigen Vertrauens zu schwer überwindbaren Komplikationen führen, wenn man sich nicht rechtzeitig vertraglich absichert. Ist eine friedliche Lösung nicht mehr möglich, bleibt nur der Gang zum Richter, sofern man nicht lieber zähneknirschend resigniert. Besonders ins Gewicht fällt in diesem Zusammenhang, dass unsere Rechtsordnung dem Kläger die volle Beweislast auferlegt. Mit anderen Worten: Wer vom anderen etwas verlangt, kann den Prozessweg nur dann mit einiger Aussicht auf Erfolg beschreiten, wenn er sich auf überzeugende Beweismittel berufen kann. Das subjektive Wissen beispielsweise darüber, wer Eigentümer eines wertvollen Objekts ist, stellt keine taugliche Grundlage für einen erfolgreichen Prozess dar.

Wer dem andern freien Zugriff zu seinen Vermögenswerten ermöglicht (zum Beispiel durch Unterschriftsberechtigung für Bank- oder/und Postcheckkonto), hat bei einer späteren Trennung das Nachsehen, wenn sich der eine Partner grosszügig aus dem Eigentum des andern bedient hat. Dann nämlich muss – sofern kein Konkubinatsvertrag vorliegt – nach den Regeln verfahren werden, die bei der Auflösung der einfachen

Gesellschaft zu beachten sind: Gewinn und Verlust verteilen sich zu gleichen Teilen auf beide Gesellschafter, unabhängig davon, wer «abrahmte» und wer den «Rahm» geliefert hat (mehr dazu auf Seite 16 und im Kapitel «Trennung», Seite 110).

Soll man mit der Unterschrift für Freund oder Freundin einstehen?

Das scheinbar Selbstverständliche – eine harmlose Unterschrift zugunsten eines Partners – kann zu hoffnungslosen Katastrophen führen.

Zu den häufigsten Selbstverständlichkeiten gehört es, dass ein Partner für den anderen ein Darlehen aufnimmt, wenn dieser aus irgendwelchen Gründen selbst keinen Kleinkredit aufnehmen will oder, weil er bereits überschuldet ist, keinen mehr erhält. Die Banken prüfen in solchen Fällen lediglich die Kreditwürdigkeit des rechtlichen Darlehensnehmers, nicht aber, was er mit dem Geld anfängt. Zur Logik dieser Geschäftspraxis gehört es, dass die Bank nur den tatsächlichen Vertragspartner ins Recht fasst und von ihm die regelmässige Rückzahlung der vereinbarten Raten fordert. Sie ist aber weder berechtigt noch bereit, das Inkasso dort vorzunehmen, wohin das Geld effektiv geflossen ist. Das nachstehende Beispiel sagt dazu alles.

▶   Als Chantal V. und René K. zusammenzogen, bestand der junge Mann auf der Anschaffung einer Sportwagen-Occasion. Da er bereits überschuldet und mit regelmässigen Zahlungen an seine zwei Kinder aus erster Ehe belastet war, erklärte sich Chantal V. zur Finanzierung bereit. Sie opferte ihr Sparheft mit 6000 Franken und finanzierte den Rest mit einem Kleinkredit von 12 000 Franken. Dabei verliess sie sich auf die Zusicherung ihres René, er werde für die laufenden Raten aufkommen. Schon nach sechs Monaten kriselte es allerdings; der junge Mann zog aus. Und als er von Chantal auf seine Verpflichtung aufmerksam gemacht wurde, stritt er den Vorgang in allen Teilen ab.
    Er habe – so seine Version – von Chantal den Wagen ohne Vorbehalt geschenkt bekommen. Der beste Beweis dafür liege ja darin, dass sie ihre Ersparnisse dafür verwendet habe. Das Darlehen laute denn auch konsequenterweise auf ihren Namen. In der Zwischenzeit fährt der

galante Sportwagenfahrer fröhlich mit einer anderen Freundin durchs Land. Da handfeste Beweise über die Eigentumsverhältnisse und die Rechtsgeschäfte, die zwischen den beiden seinerzeit getroffen wurden, fehlen, wären die Prozessaussichten der sitzengelassenen Chantal V. ausgesprochen trübe. ◀

Die Erfahrungen der Chantal V. können sich jederzeit im Zusammenhang mit völlig anderen rechtlichen Fragen wiederholen; überall dort, wo ein Partner aus Gutmütigkeit oder Naivität für Freund oder Freundin unterschriftlich einsteht, werden zwangsläufig Konflikte programmiert. Mit allem Nachdruck ist deshalb vor Solidaritätsaktionen finanzieller Art zu warnen und ergänzend festzuhalten: Wer meint, eine Gefährtin oder einen Gefährten nur mit finanziellen Zugeständnissen halten zu können, der stellt das gemeinsame Haus von allem Anfang an auf sandigen Boden!

Vermieter und Konkubinat

Auch wenn ein Vermieter in der Regel rechtlich gegen das Zusammenleben des Mieters mit einem Partner nichts unternehmen kann, empfiehlt es sich, schon bei der Unterzeichnung des Mietvertrages mit offenen Karten zu spielen.

Für die eheähnliche Gemeinschaft können sich die verschiedensten Wohnungsprobleme ergeben. Einer der häufigsten Konflikte entstand bis vor wenigen Jahren regelmässig, wenn ein Mieter gewissermassen unangemeldet eine mit ihm nicht verheiratete Person in die Wohnung nahm. Der Vermieter konnte das als Vertragsbruch betrachten, einerseits aus moralischen Gründen, andererseits aber auch wegen vertragswidrigen, nämlich übermässigen Gebrauches des Mietobjekts.

Hier hat sich mit der zunehmenden Akzeptanz des Konkubinats einiges geändert. Ein Vermieter, der heute ein Konkubinatsverhältnis als Vorwand zur vorzeitigen Auflösung des Mietvertrages benützt, wird sich in der Regel nicht durchsetzen können.

Eine entsprechende Regelung ist im Sommer 1985 in den neuen offiziellen Zürcher Mietvertrag aufgenommen worden, der im Kanton Zürich annähernd die Hälfte aller Mietverhältnisse regelt. Nach dessen Wortlaut ist die «Aufnahme einer Person zur Bildung einer eheähnlichen

Gemeinschaft» ohne schriftliche Zustimmung seitens des Vermieters
erlaubt. Aber der Mieter wird angehalten, dem Hauseigentümer die
Personalien des Partners anzugeben.

Auch dort, wo andere Vertragstexte Verwendung finden, empfiehlt es
sich, dem Vermieter reinen Wein einzuschenken – und sei es auch nur
im Blick auf ein harmonisches und dauerhaftes Mietverhältnis. Der
Vermieter kann das unerwartete und unangemeldete Auftauchen eines
Freundes oder einer Freundin als Vertrauensmissbrauch interpretieren
und auf den nächstmöglichen Termin kündigen.

Wer soll den Mietvertrag unterzeichnen?

Wer einen Mietvertrag unterzeichnet oder mitunterzeichnet, kann sich
damit gewisse Vorteile sichern, doch muss er gleichzeitig auch gewichtige Nachteile in Kauf nehmen.

Oft wird der Vermieter darauf bestehen, dass beide Partner den Mietvertrag unterzeichnen. Das liegt nicht nur in seinem Interesse, sondern
auch in demjenigen der beiden Mieter: Wer nicht auf dem Mietvertrag
als Vertragspartner figuriert, ist bei der Auflösung einer Lebensgemeinschaft ohne Trauschein in einer denkbar ungünstigen Lage. Kommt es
zu einem Streit, kann der Partner oder die Partnerin behaupten, der
Lebensgefährte habe lediglich als Untermieter ein möbliertes Zimmer
bewohnt. Solche Untermietverhältnisse aber können mit nur 14tägiger
Kündigungsfrist auf jedes Monatsende aufgelöst werden. Fehlen vertragliche Regelungen, ist mit schwierigen Abgrenzungskonflikten zu rechnen. Wenig trostreich ist in diesem Zusammenhang der Hinweis, dass
im Ausland bereits gesetzliche Massnahmen zum Schutz von Konkubinatspartnern ergriffen worden sind. So regeln in Grossbritannien und
Schweden Sondergesetze die Wohnungsfragen unverheiratet zusammenlebender Partner: Unabhängig davon, wer den Vertrag unterzeichnete,
können nach einem endgültigen Zerwürfnis dem einen oder anderen
Partner bisher gemeinschaftlich bewohnte Räume durch den Richter
zugewiesen werden.

Eine derartige Regelung fehlt in der Schweiz. Ein bezeichnender Fall
wurde in den «Blättern für Zürcherische Rechtsprechung» (1988, Heft 2)
abgehandelt: Da ging es um die Frage, ob ein Konkubinatspartner seine
Freundin ohne weiteres auf die Strasse stellen könne. Schriftliche Vereinbarungen lagen nicht vor. Der Mietvertrag war nur von ihm unterzeichnet, der Einzug der Partnerin aber von der Vermieterin ausdrücklich
gebilligt worden. Nach bloss sechs Wochen nahm das Glück ein jähes

Ende; der Partner hatte Kenntnis von Vermögensdelikten seiner Freundin und von einer einschlägigen Vorstrafe erhalten und wollte sie in seiner Wohnung nicht mehr dulden. Ihr Versuch, sich gegen den Hinauswurf zur Wehr zu setzen, blieb erfolglos. Bezirks- und Obergericht schützten die Klage des Freundes auf Ausweisung der Freundin aus der Wohnung. Das Rechtsverhältnis der beiden Partner sei nicht, wie das sonst gelegentlich im Zusammenhang mit dem Konkubinat erfolgt, den Bestimmungen über die einfache Gesellschaft zu unterstellen. Dann wäre eine Kündigung erst unter Wahrung einer sechsmonatigen Kündigungsfrist (Art. 546 Abs. 1 OR) wirksam geworden. Vielmehr sei abzustellen auf Artikel 310 OR über die «Gebrauchsleihe». Weil die junge Frau in der Zwischenzeit eine neue eigene Wohnung gefunden hatte, blieb die Frage offen, ob ihr nicht trotz fehlender gesetzlicher Bestimmungen «eine angemessene Frist für das Verlassen der Wohnung einzuräumen» sei. Immerhin hielt das Obergericht fest, das Problem müsse jeweils «in Würdigung der gesamten Umstände (persönliches Verhältnis der Beteiligten, Verschulden, aber auch das für das Zusammenziehen bestimmende Motiv einer auf Dauer angelegten Partnerschaft)» gelöst werden.

An diesem Beispiel zeigt sich überdeutlich: Das Fehlen gesetzlicher Bestimmungen über das Konkubinat führt oft zu Notlösungen, die nicht immer befriedigen. Sie gehören zu den Unsicherheitsfaktoren, die man sich mit der Ehe ohne Trauschein zwangsläufig einhandelt. Ein Patentrezept, wie man sich Streitigkeiten über die gemeinsame Wohnung ersparen kann, gibt es nicht. Fest steht natürlich, dass eine kurzfristige Ausweisung aus der Wohnung nicht möglich ist, wenn beide Partner den Mietvertrag unterzeichnen. Dafür nimmt man bei dieser Variante andere Nachteile auf sich:

Die Unterschrift auf dem Mietvertrag bedeutet nichts anderes, als dass beide grundsätzlich für die volle Miete samt Nebenkosten haften. Der Vermieter – und allenfalls der Richter – wird auf beide Unterschriften abstellen, da sie eine sogenannte Solidarschuldnerschaft begründen. Grundsätzlich wird immer der finanziell stärkere Teil zur Kasse gebeten werden. Das braucht kein Unglück zu sein bei Fortbestehen der Lebensgemeinschaft. Wenn aber die eheähnliche Gemeinschaft gleichzeitig mit der gemeinsamen Wohnung aufgegeben wird, muss sich der zahlende Teil doppelt geprellt vorkommen.

Der von beiden Partnern unterzeichnete Mietvertrag bringt beim Zerbrechen der Beziehung auch andere Nachteile: Kann sich das Paar nicht darüber einigen, wer nun die Wohnung behalten soll, entsteht eine unangenehme Patt-Situation: Ob Kündigung oder Überschreibung auf den Partner oder die Partnerin, jede Vertragsänderung ist nur mit einer gemeinsamen Unterschrift möglich.

Konflikten dieser Art kann man im Konkubinatsvertrag vorbeugen. Die verschiedensten Varianten sind denkbar; zum Beispiel kann man vereinbaren, dass derjenige, der bereit ist, die Miete weiter zu übernehmen, Anspruch auf das Mietobjekt hat und der andere ausziehen muss. Auch ohne Konkubinatsvertrag gibt es eine Möglichkeit, Kontroversen mit dem Vermieter wenn nicht auszuschliessen, so doch zu reduzieren. Im Mietvertrag wird eine Klausel aufgenommen, die zur Einzelkündigung berechtigt: «Jeder Mieter ist berechtigt, das Mietverhältnis für sich aufzulösen. In einem solchen Fall verlängert sich die Kündigungsfrist für den einzeln kündigenden Mieter um 20 Tage. Erfolgt während dieser Bedenkzeit keine Kündigung des Vermieters, wird das Mietverhältnis mit dem verbleibenden Mieter fortgesetzt.»

Allerdings muss hinzugefügt werden: Auch die besten vertraglichen Regelungen können eine Wirkung nur denn entfalten, wenn sich beide Partner daran halten. Gerade das Konkubinat ist entsprechenden Risiken ausgesetzt; beide Partner wollen ja keine feste Verbindung und verzichten deshalb auf eine Eheschliessung. Beim Auseinandergehen ist dann der eine oder andere oder gar beide (natürlich mit gegenläufigen Zielvorstellungen) versucht, sich um früher eingegangene Verpflichtungen zu drücken. Dem geprellten Partner bleibt nichts anderes übrig, als entweder aus Vernunftgründen zu resignieren oder aber den Richter anzurufen, was jedesmal den angestauten Groll schmerzhaft wieder hochkommen lässt.

Das sogenannte Innenverhältnis zwischen zwei Partnern bindet im übrigen den Vermieter nicht. Machten die beiden die hälftige Bezahlung der Miete untereinander aus, so ist der Vermieter trotzdem berechtigt, den ausstehenden Mietzins bei jenem einzufordern, der zahlungsfähiger erscheint. Nur wenn Rechte und Pflichten durch schriftliche Regelung klar fixiert wurden, kann in einem solchen Fall der geschröpfte Partner später auf den geschonten zurückgreifen.

Wer sich gegen – berechtigte oder unberechtigte – finanzielle Forderungen des Vermieters wappnen will, unterzeichnet also den Mietvertrag besser nicht (mit allen oben beschriebenen Konsequenzen). Einen Konkubinatspartner, der den Mietvertrag nicht mitunterzeichnet hat, kann ein Hauseigentümer für ausstehende Mieten nicht ins Recht fassen.

Die Mietfrage belegt, dass es schlechthin keine ideale Lösung gibt, wenn zwei Partner auseinandergehen. Haben beide den Mietvertrag unterzeichnet, so können sich unliebsame Überraschungen einstellen, wenn der eine ausziehen will: Rechtlich gesehen kann er vor dem vertraglich vereinbarten frühesten Kündigungstermin nicht aussteigen. Verlässt er die Wohnung vorher – freiwillig oder unfreiwillig –, so haftet er trotzdem weiterhin für die Bezahlung der Miete. Um einen möglichen Schaden in Grenzen zu halten, wird er den Vermieter beim Auszug sofort benachrichtigen und sicherheitshalber die Kündigung auf den nächstmöglichen Termin aussprechen. Darüber hinaus kann natürlich versucht werden, ungerechtfertigte Belastungen eines Partners im Zusammenhang mit Mietzinsschulden zu vermeiden, beispielsweise durch einen ausdrücklichen Zusatz im Konkubinatsvertrag, demzufolge für die Miete derjenige aufzukommen habe, der im Fall einer Trennung die Wohnung behalte. Doch ist mit Nachdruck zu wiederholen: Den Vermieter binden solche Abmachungen nicht; dieses kleine Beispiel bestätigt die alte Binsenwahrheit, dass sich in keiner Gemeinschaft sämtliche Risiken eines späteren Scheiterns erfassen und ausschliessen lassen.

Der Partner als Besitzer der gemeinsamen Wohnung

Ist ein Gefährte gleichzeitig Eigentümer des gemeinsam bewohnten Objekts – Einfamilienhaus oder Wohnung –, so sitzt er grundsätzlich am längeren Hebel.

Schon in den vorangehenden Abschnitten ist deutlich geworden, wie prekär die Situation im Zusammenhang mit ungelösten Wohnungsfragen werden kann. Das ist besonders ausgeprägt, wenn ein Freund oder eine Freundin in ein dem Partner gehörendes Objekt zieht (ein Vorgang, der besonders nach einer Scheidung oder gerichtlichen Trennung häufig eintritt). Es ist nicht üblich und im übrigen – problemloses Zusammenleben vorausgesetzt – auch gar nicht nötig, in solchen Fällen einen eigentlichen Mietvertrag abzuschliessen oder dem anderen einen Mietzins zu belasten. Man verlässt sich gegenseitig auf das Vertrauensprinzip und insbesondere darauf, dass der Hauseigentümer dem Partner so wenig einen Mietzins abverlangen wird, wie er es gegenüber Ehefrau oder Ehemann tun würde.

Wenn die Gemeinschaft in die Brüche geht, hat indessen der Nichteigentümer das Nachsehen. Fehlen schriftliche Abmachungen, wird dem zum Auszug Gezwungenen nichts anderes übrigbleiben, als zähneknirschend das Feld zu räumen. Wer eine freie Bindung ohne Trauschein eingeht, muss sich also auch hier von allem Anfang an bewusst sein, dass dies vom anderen ungestraft als bindungslose Freiheit missverstanden werden kann!

Was gilt bei gemeinsamem Grund- oder Liegenschaftsbesitz?

Die enorm gestiegenen Boden- und Baukostenpreise erlauben heute manchem Paar – ob verheiratet oder unverheiratet – den Kauf einer eigenen Wohnung oder eines eigenen Hauses nur dann, wenn Ersparnisse und Einkommen beider zusammengelegt werden.

Auf diesem Gebiet sind Missbräuche besonders häufig: Am längeren Hebelarm sitzt grundsätzlich jener Partner, der als Eigentümer im Grundbuch eingetragen ist. Der andere hat hoffnungslos das Nachsehen beispielsweise beim Verkauf des Objekts oder natürlich auch beim Auffliegen der Partnerschaft, sofern nicht vorher eindeutige Regelungen getroffen wurden. Es bieten sich verschiedene Möglichkeiten an, die massgeschneidert auf den einzelnen Fall Anwendung finden müssen.

So können sich beide Partner zu gleichen Teilen als Käufer und Miteigentümer im Grundbuch eintragen lassen. Dann sind Nacht- und Nebelaktionen hinter dem Rücken des Gefährten von vornherein ausgeschlossen. Umgekehrt aber kann gemeinsames Eigentum auch zur höchst unbequemen Fessel werden. Wenn man sich trennen möchte, ist man zwangsläufig mit enormen Ärgernissen konfrontiert.

Tritt nur ein Partner als Eigentümer auf, so müssen die finanziellen Leistungen des andern auf andere Weise sichergestellt werden. Das kann in Form eines Darlehens geschehen. Ungleich sicherer ist natürlich die Errichtung einer Hypothek im Ausmass des finanziellen Einsatzes des mitzahlenden Partners. Wer aus Gutmütigkeit, Leichtsinn oder irgendwelchen (falschen) Rücksichten auf solche sichernde Massnahmen verzichtet, muss beim Auffliegen der Partnerschaft mit langwierigen Ärgernissen und dem teilweisen oder gar vollständigen Verlust seiner Einlagen rechnen.

Besondere Fragen stellen sich bei gemeinsamem Stockwerkeigentum. Haben zwei Partner eine Wohnung gemeinsam zu Miteigentum erworben und sind sie als Eigentümer eingetragen, so kann das Stimmrecht in der Stockwerkeigentümerversammlung nur einheitlich ausgeübt werden. Bei

Meinungsverschiedenheiten unter den Partnern wird also eine Stimmabgabe nicht in Frage kommen. Nimmt nur einer der beiden Partner an der Versammlung teil, so empfiehlt sich, um der Versammlungsleitung heikle Prozedurfragen zu ersparen, eine Vollmacht des Abwesenden mitzubringen.

Kann man vom Partner, für den man arbeitet, Lohn verlangen?

Fehlen vertragliche Abmachungen, so hängt der Lohnanspruch eines Partners gegenüber dem auftraggebenden Gefährten in der Luft.

Zivilgesetzbuch und Obligationenrecht schweigen sich auch über diesen Punkt aus, weil, wie schon mehrfach angemerkt, das Konkubinat von unserer Gesetzgebung noch kaum zur Kenntnis genommen wird. Das Konkubinatsrecht erweist sich damit als sogenanntes Richterrecht: Die Gesetzeslücken sind von der Justiz auszufüllen.

Dass es gar nicht so leicht ist, Grundsätze aufzustellen, welche dieser Lebensform gerecht werden, hat das Bundesgericht überdeutlich dargetan: 1953 hatte es aufgrund scharfsinniger juristischer Überlegungen den Lohnanspruch eines Konkubinatspartners für Mitarbeit im Betrieb des andern geschützt (BGE 79 II 168). Begründet wurde dieser Entscheid unter Berufung auf ein vorangegangenes Urteil mit durchaus plausiblen Überlegungen: «Im Geschäftsleben ist es nicht üblich, gratis zu arbeiten. Normalerweise bezahlt ein Geschäftsmann den von ihm beschäftigten Arbeitnehmer. Und umgekehrt erbringt derjenige, der seinen Lebensunterhalt verdienen muss, dem Arbeitgeber Dienste in der Absicht, ein Einkommen zu beziehen.»

Gleichzeitig wurde der Unterschied zu ähnlichen Fragestellungen in der Ehe herausgearbeitet: «Die Ehefrau, welche ihrem Mann im Betrieb hilft, tut dies in Erfüllung ihrer Pflicht als Frau. Sie wird trotzdem nicht zur Angestellten ... Vom steigenden ehelichen Vermögen fällt ihr im Falle einer Scheidung ein Teil zu ... Ganz anders ist die Situation im Falle eines Konkubinats. Die Gefährtin erhält nach einer Beendigung der Lebensgemeinschaft keine Gegenleistung für ihre Arbeit. Deshalb ist davon auszugehen, dass sie grundsätzlich einen Lohnanspruch geltend machen kann.»

Bloss acht Jahre später, 1961, entschloss sich das Bundesgericht zu einer Praxisänderung (BGE 87 II 164). Es rechtfertigt sich, dieses Urteil sorgfältig zu analysieren und zu zitieren, zeichnet es sich doch durch eine subtile Gegenüberstellung der Ehe einerseits und der nicht legalisierten Partnerschaft andererseits aus.

▶ Ausgangspunkt des Rechtsstreites war ein partnerschaftliches Verhältnis, das als eheähnliche Gemeinschaft funktionierte: Bea G. betrieb in Genf ein Café. Ihr Freund Jean D., von Beruf Maler/Gipser, lebte mit ihr zusammen. Um den Umsatz des Cafés zu verbessern und der Freundin die Einstellung fremder Arbeitskräfte zu ersparen, half Jean D. sehr intensiv im Betrieb mit. Seinen angestammten Beruf musste er wegen der Inanspruchnahme im Betrieb der Bea G. vernachlässigen.

Nach zehnjähriger Dauer der Verbindung starb Bea G. Gegenüber ihren Erben, nämlich der Mutter und den Geschwistern, machte Jean D. eine Lohnforderung von 25 795 Franken geltend, die vom Appellationshof des Kantons Genf im Umfang von 18 425 Franken geschützt wurde, was heute über 50 000 Franken ausmachen würde. In der Folge hob jedoch das Bundesgericht diesen Entscheid wieder auf; Jean D. musste sich zähneknirschend damit abfinden, dass er während zehn Jahren für seine Freundin gearbeitet hatte, ohne dafür auch nur einen einzigen Franken zu bekommen. ◀

Aus der Begründung der Lausanner Richter: «Die Partner einer wilden Ehe sind durch enge persönliche Beziehungen miteinander verbunden. Wenn der eine für den andern arbeitet, so geschieht dies nicht nur aufgrund geschäftlicher Beziehungen. Diese treten vielmehr im allgemeinen in den Hintergrund. Die Dienste, die sie sich gegenseitig erweisen, können also, selbst wenn sie einen bedeutenden Umfang annehmen, auf andere Gründe zurückgeführt werden als auf die Erwartung eines Entgelts nach Massgabe der Bestimmungen über den Dienstvertrag … Ist ihr Verhältnis von Dauer, so sind die im Konkubinat Lebenden zudem nicht ausschliesslich durch gefühlsmässige Bande miteinander verbunden. Sie haben ein gemeinsames Interesse am Gedeihen ihres Haushaltes, und wenn der eine für den anderen arbeitet, so trägt er damit auch zur Verbesserung seiner eigenen Lebenshaltung bei. Andererseits ist der Partner eines Konkubinatsverhältnisses in einer im allgemeinen weniger günstigen Rechtslage als der Ehegatte. Seine Arbeit trägt nicht zur Vermehrung ehelichen Vermögens bei, von dem ihm allenfalls einmal ein

Teil zufällt; ferner sind ihm erbrechtliche Anwartschaften versagt. Aber daraus lässt sich nicht ableiten, dass diese Nachteile durch einen Lohnanspruch aufgewogen werden müssen … Was sodann das gesetzliche Erbrecht des überlebenden Ehegatten anbelangt, so rechtfertigt sich dieses durch die eheliche Verbindung, durch die auf dieser beruhenden dauernden Gemeinschaft und durch die gegenseitige Unterstützungspflicht der Ehegatten. Wer im Konkubinat lebt, lehnt es jedoch ab, den gesetzlichen Stand der Ehe und die daraus fliessenden Rechtspflichten auf sich zu nehmen. Da er von einem durch die Rechtsordnung vorgesehenen Institut nichts wissen will, kann er sich auch nicht beklagen, wenn er der Rechte nicht teilhaftig wird, die ihm dieses verliehen hätte. Es besteht daher kein Anlass, ihm einen Ausgleich in Gestalt eines Lohnanspruchs zu gewähren.» Da Fehldeutungen dieses bundesgerichtlichen Urteils denkbar scheinen, drängen sich noch zwei zusätzliche Hinweise auf:

• Selbstverständlich steht es jedem Partner frei, mit seinem Lebensgefährten einen Arbeitsvertrag abzuschliessen, ihn also wie einen anderen Mitarbeiter korrekt zu entlöhnen und die fälligen Sozialbeiträge für ihn zu entrichten. Einer schriftlichen Fixierung von Arbeitsbedingungen und Lohn bedarf es an sich nicht. Die regelmässige Überweisung des Salärs und andere Indizien reichen aus, um das Bestehen eines Arbeitsverhältnisses zu beweisen. Doch ist, was an anderer Stelle unseres Ratgebers schon mehrfach betont werden musste, eine klare schriftliche Regelung vorzuziehen. Kein Partner sollte es seinem Lebensgefährten übelnehmen, wenn dieser, um eben für alle Fälle vorzubeugen, mündliche Vereinbarungen schriftlich bestätigt haben möchte.

• In anderen auf das Konkubinat Bezug nehmenden Entscheiden haben die höchsten eidgenössischen Richter jeweils durchblicken lassen, man dürfe scheinbar parallele Fälle nicht ins gleiche Schema pressen. Wenn beispielsweise ein Partner seine Gefährtin als unbezahlte Arbeitskraft ausnützt und ihr dabei eheähnliche Geborgenheit vorgaukelt, sie dann aber plötzlich fallenlässt, dann wird der nachträglich erhobene Lohnanspruch der zu kurz gekommenen und ausgebooteten Partnerin nicht als aussichtslos bezeichnet werden können. In diese Richtung weist auch die ausländische Rechtsprechung: So hat in der Bundesrepublik Deutschland das Oberlandesgericht Stuttgart eine Klägerin teilweise geschützt, die knapp zwei Jahre lang als Verkäuferin und Bedienerin in den Betrieben ihres Freundes ohne Bezahlung gearbeitet hatte und dann von ihm verlassen worden war.

Im Kapitel «Soziale Sicherheit», vor allem in den Ausführungen auf Seite 91, wird genauer dargestellt, dass und warum nichtberufstätige Partner alles Interesse daran haben, das, was sie als sogenannten Naturalempfang und allenfalls als Taschengeld von ihrem Partner beziehen, als Lohn behandeln zu lassen. Selbst wenn sie keinen baren Franken in die Hand bekommen, sind auf diese Weise wenigstens ihre Minimalansprüche gegenüber der AHV gesichert.

Können Darlehen mit Kost und Logis verrechnet werden?

Rechtsfragen im Zusammenhang mit dem Konkubinat machen oft auch der Justiz Mühe. Weil zivilrechtliche Regelungen, wie sie das Eherecht für verheiratete Paare geschaffen hat, fehlen, wird gelegentlich der Spur nach geurteilt. Dass man sich dabei nicht zu schnell mit einem ungünstigen erstinstanzlichen Entscheid abfinden soll, zeigen die Erfahrungen der Aargauerin Sophie G:

▶ Sophie G. hatte 1983 ihrem Bekannten Helmut S. zwei Darlehen zu je 2000 Franken gewährt. Helmut S. hatte dabei schriftlich anerkannt, die Summen «leihweise» erhalten zu haben. Ab 1986 bis 1988 lebten die beiden im Konkubinat. Als dieses in Brüche ging, forderte Sophie G. die Darlehen zurück, traf aber auf ein kategorisches Nein ihres Exfreundes. Er sei während des Zusammenlebens im wesentlichen für die Kosten des gemeinsamen Haushalts aufgekommen, deshalb stelle er eine Gegenrechnung im gleich hohen Betrag. In erster Instanz drang S. vor dem Bezirksgericht Rheinfelden mit seiner Argumentation durch. Das Obergericht entschied allerdings zugunsten seiner Exfreundin. Mit Entscheid vom 20. Januar 1992 schützte es ihre Klage; aufschlussreich ist die Begründung: «Die Darlehenshingabe erfolgte in den Jahren 1983 und 1984 längst vor dem vom April 1986 bis Januar 1988 dauernden Konkubinat der Parteien. Die Darlehensrückforderung kann schon aus diesem Grund nicht unter eine allenfalls mündlich getroffene Übereinkunft über die Tragung der Kosten des Konkubinatshaushalts fallen.» Zur Verrechnung der Darlehensschuld mit den Kosten für Kost und Logis hält das aargauische Obergericht fest: «Die Parteien haben keine schriftliche Vereinbarung über ihr Konkubinatsverhältnis getroffen ... Aus dem Umstand, dass beide Parteien im gleichen Masse finanzielle Beiträge und Arbeitsleistungen zusammen entrichtet haben, muss geschlossen werden, dass sie ihre Leistungen zugunsten des gemeinschaftlichen Konkubinatshaushaltes nicht zum Gegenstand eines davon isolierten entgeltlichen Vertrags machen wollten.» ◄

Gerade die vorliegende Kontroverse belegt, wie wichtig schriftlich fixierte Vereinbarungen sind. Sophie G. kam schliesslich zum Erfolg, weil sie über einen sogenannten Schuldanerkennungstitel, nämlich über die Quittung ihres Bekannten, verfügte. (Wichtig ist, dass das Wort «leihweise» oder die Bezeichnung «Darlehen» ausdrücklich aufgenommen wurde; die blosse Empfangsbescheinigung ohne Zweckbestimmung des Geldtransfers hätte nicht genügt!) Umgekehrt blieb Helmut S. mit seinen Behauptungen auf der Strecke, weil sie nicht belegt werden konnten und damit in der Luft hingen. Im übrigen kostete ihn sein rücksichtsloser Umgang mit der Exfreundin eine schöne Stange Geld: Zusätzlich zur Streitsumme von 4000 Franken kamen Gerichtskosten von über 1700 Franken und Anwaltskosten für den eigenen Advokaten und denjenigen der Sophie G. von zusammen beinahe 5000 Franken!

Betreibung: Auch der Partner wird indirekt zur Kasse gebeten!

Im Betreibungsverfahren muss sich der Schuldner im Interesse der Gläubiger den Beitrag seiner Partnerin an die gemeinsamen Lebenshaltungskosten anrechnen lassen.

Langsam beginnt sich die Rechtsprechung mit der Realität des Konkubinats zu befassen. Insbesondere das Bundesgericht macht deutlich, dass das Zusammenleben zweier Partner auch im rechtlichen Bereich seine Auswirkungen hat und haben muss, selbst wenn der Zivilstandsbeamte nicht oder noch nicht in Aktion getreten ist.

Im Dezember 1983 hatten die Richter in Lausanne die Einwände eines Schuldners zu prüfen, der nicht bereit war, sich den Beitrag seiner Lebensgefährtin an die Haushaltskosten anrechnen zu lassen. Mit anderen Worten: Er versuchte es als Schlaumeier mit dem Trick, bei der Berechnung des Existenzminimums die finanzielle Mitwirkung der Partnerin unberücksichtigt zu lassen und damit einen möglichst hohen Einkommensanteil dem Zugriff der Gläubiger zu entziehen. Das Konkubinatspaar wäre, hätte es mit dieser Taktik Erfolg gehabt, ungleich

besser gefahren als zwei Ehepartner in vergleichbarer Situation. Eine
solche rechtsungleiche Praxis hat nun aber das Bundesgericht verhindert:
Im vorliegenden Fall wurden die Lebenshaltungskosten des gemeinsamen Haushaltes auf Fr. 2987.75 errechnet; für fast genau die Hälfte
davon, nämlich für Fr. 1430.35, kam die Freundin auf. Dieser Betrag
wurde bei der Errechnung des Existenzminimums des Schuldners mitberücksichtigt.

Eine völlige Angleichung von Konkubinats- und Ehepaaren strebt das
Bundesgericht allerdings nicht an. Es sagt ausdrücklich, der von der
Konkubinatspartnerin an den gemeinsamen Haushalt erbrachte Zuschuss
in der Grössenordnung einer Hälfte der Kosten sei genügend; es könne
ihr nicht zugemutet werden, zugunsten der Gläubiger ihres Freundes
einen höheren Betrag zu leisten. Der Konkubinatspartner kann eben
tatsächlich gegenüber seiner Freundin keinen eigentlichen Unterstützungsanspruch geltend machen, wie er unter Eheleuten besteht.

Wie versichert man sich optimal?

*Unverheiratete Paare können in der Regel gleiche Versicherungsbedin-
gungen erwirken wie verheiratete; um Schwierigkeiten zu vermeiden,
empfiehlt es sich indessen, den Partner beim Abschluss des Vertrages
ausdrücklich zu erwähnen (siehe auch den Beobachter-Ratgeber «Richtig
versichert?»).*

Von besonderer Bedeutung sind bei gemeinsamem Zusammenleben
Haftpflicht- und Hausratsversicherungen. Seit einigen Jahren erstreckt
sich der Deckungsumfang dieses Versicherungszweiges auf alle im Haushalt des Versicherungsnehmers lebenden Personen. Mit einer einzigen
Police sind also Konkubinatspartner genauso versichert wie ein Ehepaar.
Zu beachten ist natürlich, dass unter diesen Voraussetzungen Schäden,
welche die Versicherten sich gegenseitig zufügen – zum Beispiel Beschä-
digung eines kostbaren Pelzes der Partnerin durch eine Zigarette –,
sowenig versichert sind wie unter analogen Verhältnissen bei Eheleuten.
Bei der Hausratsversicherung, die oft mit einer Gepäck- und Diebstahl-
versicherung kombiniert wird, empfiehlt sich ein Vermerk in der Police,
das Eigentum des namentlich zu erwähnenden Partners sei mitversichert.
Eine Mehrprämie entsteht dadurch nicht; aber selbstverständlich muss
die Versicherungssumme dem Gesamtwert der versicherten Objekte ent-

sprechen, weil sonst bei Verlust oder Schaden wegen sogenannter Unter-
versicherung mit anteilmässigen Abzügen zu rechnen ist.
Keinerlei Konsequenzen drängen sich auf im Zusammenhang mit der
Autohaftpflichtversicherung. Unter bestimmten Umständen sind hier
nicht verheiratete Paare sogar privilegiert, indem beispielsweise Sach-
schäden an Gegenständen des Partners, der nicht Halter ist, versichert
sind, während unter gleichen Voraussetzungen die Ehegattin oder, wenn
sie Halterin ist, der Ehegatte leer ausgehen würde.
Bei Rechtsschutzversicherungen sind Konkubinatspartner nicht automatisch mitversichert. Ist nur ein Partner versichert und wird der Nicht-
versicherte in einen Prozess verwickelt, so funktioniert der Rechtsschutz
nicht. In den Abschlussanträgen für Rechtsschutzversicherungen findet
sich jedoch eine Frage nach Einbezug familienfremder Personen. Die
Zuschlagsprämie ist bescheiden, so dass auch die Partnerin oder der
Partner mitversichert werden kann.

Konkubinat und Haftpflichtversicherung
Wie die Justiz mit dem Konkubinat umgeht, zeigt ein auf das Jahr 1963
zurückgehendes Urteil des Berner Obergerichts. Zur Diskussion stand
ein tragischer Verkehrsunfall, bei dem eine verheiratete Velofahrerin von
einem mit 115 Stundenkilometern heranbrausenden Auto angefahren und
tödlich verletzt wurde. Den verantwortlichen Automobilisten verurteilte
das Bernische Obergericht am 9. Juni 1963 wegen fahrlässiger Tötung
zu 800 Franken Busse.
Die Schadenersatz- und Genugtuungsansprüche des hinterlassenen
Ehemannes wurden gegenüber der Haftpflichtversicherung des fehlbaren
Fahrers geltend gemacht. Doch war diese zunächst nur zur Übernahme
jener Beträge bereit, die sich bei der Bewertung der Arbeitsleistung der
verstorbenen Ehefrau in Haushalt und Garten (Stundenansatz nach bundesgerichtlicher Praxis 18 Franken!) ergaben. Diese spärlichen Leistungen wollte sie zudem von jenem Zeitpunkt an nicht mehr erbringen, in
dem der hinterlassene Witwer eine neue, zivilstandsamtlich nicht abgesegnete Verbindung eingegangen war. Neu komme ja die Lebensgefährtin
für die Hausarbeiten auf, hiess es. In der Folge einigten sich die Parteien
jedoch auf einen Kompromiss, bei dem das Minimalangebot der Versicherung massiv heraufgesetzt wurde: Mit Erfolg hatte der Anwalt des
Geschädigten darauf hingewiesen, dass es nicht angehe, die Ehe ohne
Trauschein einer richtigen Ehe gleichzusetzen. Der Risikofaktor sei
ungleich grösser. Mit einigermassen gefestigten Verhältnissen sei erst

nach rund fünfjähriger Dauer einer eheähnlichen Gemeinschaft zu rechnen, weshalb sich für diesen Zeitraum wenigstens eine reduzierte Entschädigung des Witwers rechtfertigte.

Derartige Unsicherheiten werden zwei Partner unter Umständen veranlassen, ihr Zusammenleben nach aussen nicht zu deutlich in Erscheinung treten zu lassen. Im oben geschilderten Fall hätte die Versicherungsgesellschaft keinerlei Versuch zur Kürzung ihrer Leistungen unternommen, wenn sie von dem inzwischen eingegangenen Konkubinatsverhältnis des geschädigten Witwers keine Kenntnis erhalten hätte!

Amtliche Mitteilungen und andere eingeschriebene Sendungen

Amtliche Mitteilungen, die entweder eingeschrieben zum Versand gelangen oder persönlich durch eine Amtsperson abgegeben werden, gelten in der Regel als zugestellt, wenn der Ehepartner den Empfang unterschriftlich bestätigt. Beim Konkubinat liegen die Dinge wesentlich anders.

Das Zürcher Obergericht hat die Frage im Jahr 1984 in einem in den «Blättern für Zürcherische Rechtsprechung» veröffentlichten Entscheid (Band 84, S. 64) behandelt. Es ging nicht um irgendeine Bagatelle, sondern gewissermassen um die Wurst, nämlich um die Umwandlung einer vom Betroffenen nicht bezahlten Busse in Haft und um die Frage, ob der gegen den Entscheid ergriffene Rekurs wegen verspäteter Einreichung unbeachtet bleiben müsse. Das Obergericht hielt dazu fest:

«Gemäss Art. 147 der Verordnung zum Postverkehrsgesetz vom 1. September 1967 sind bei Abwesenheit des Empfängers oder seiner Bevollmächtigten bei eingeschriebenen Briefpostsendungen die mit ihm im gleichen Haushalt lebenden erwachsenen Familienangehörigen empfangsberechtigt. Dafür, dass der Gesetzgeber Konkubinatspartner den Familienangehörigen hätte gleichstellen wollen, bestehen keine Anhaltspunkte ... Es ist daher davon auszugehen, dass Frau E. S. zur Entgegennahme der Gerichtsurkunde nicht berechtigt war.»

Der obergerichtliche Entscheid macht deutlich, dass das Konkubinat zwar längstens eine Selbstverständlichkeit geworden ist, dass aber die einschlägigen gesetzlichen Bestimmungen dem noch nicht ausreichend

Rechnung tragen. Auch wenn im vorliegenden Fall dem Betroffenen daraus keine Nachteile erwuchsen (die Fristenfrage wurde zu seinen Gunsten entschieden), drängen sich doch Konsequenzen auf: Konkubinatspartner sollten klare Verhältnisse schaffen, am besten durch je eine Vollmacht (siehe Beispiel).

```
Hans Schweizer
Gottfried Keller-Strasse 33
8272 Ermatingen


Vollmacht

Ich bevollmächtige hiermit Frau Elsbeth Drändli, wohn-
haft an derselben Adresse, ausdrücklich zur Entgegen-
nahme von eingeschriebenen Sendungen jeder Art.

Ermatingen, 11. November 1993
                                  Hans Schweizer
```

```
Elsbeth Brändli
Gottfried Keller-Strasse 33
8272 Ermatingen


Vollmacht

Ich bevollmächtige hiermit Herrn Hans Schweizer, wohn-
haft an derselben Adresse, ausdrücklich zur Entgegen-
nahme von eingeschriebenen Sendungen jeder Art.

Ermatingen, 11. November 1993
                               Elsbeth Brändli
```

Gegenseitige Vollmacht zwischen Konkubinatspartnern

Soll man einen Konkubinatsvertrag abschliessen?

Viele der in unserem Ratgeber geschilderten Risiken lassen sich vermeiden oder herabsetzen durch vertragliche Vereinbarungen zwischen den beiden Partnern. Ein Allerweltsmittel, das alle Schwierigkeiten aus dem Weg räumt, ist ein Konkubinatsvertrag indessen nicht.

Keine menschliche Gemeinschaft ist ohne Risiko. Die Vorstellung, man könne allen Klippen ausweichen, wenn man nur umsichtig genug vorgehe, ist in vielen Fällen ein Trugschluss. Das ergibt allein schon ein Blick auf Ehe und Scheidung: Obschon hier eine ganze Reihe möglicher Streitfragen durch klare gesetzliche Vorschriften entschärft werden, kommt es doch immer wieder zu langwierigen, hässlichen Kampfscheidungen, menschlichen Katastrophen und materiellen Ungerechtigkeiten wenn eine Ehe auseinanderbricht. In der Ehe ohne Trauschein sind die Folgen nach einem Bruch oft noch schmerzlicher. Völlig verhindern lassen sich solche Enttäuschungen nicht. Aber ein Konkubinatsvertrag kann mithelfen, den Schaden in Grenzen zu halten. Beim Abfassen solcher Vereinbarungen wird man mit Gewinn die nachstehend skizzierten Überlegungen beachten.

● Ein Konkubinatsvertrag regelt die rechtlichen Verhältnisse zwischen zwei Partnern, kann aber kaum etwas beitragen zur Lösung der zwischenmenschlichen Probleme, die sich in jeder Gemeinschaft – und erst recht bei ihrem Scheitern – stellen.

● Das ständige Schielen der einzelnen Partner nach materiellen Vorteilen ist einer Verbindung nicht förderlich. Wer eine echte Gemeinschaft sucht, fragt nicht ständig nach jedem «Vörteli», trauert nicht jedem Franken nach, der im Zusammenhang mit der Partnerschaft «geopfert» werden musste.

● Grundsätzlich sollte der Wunsch des einen Partners nach einem Konkubinatsvertrag vom anderen nicht als Misstrauensvotum betrachtet werden. Eine solche Vereinbarung dient vor allem der Sicherstellung der Rechte und Pflichten von beiden für den Fall unvorhergesehener Entwicklungen.

- Dazu gehört eine klare Ausscheidung der Eigentumsrechte mit dem Ziel, dass bei einer Auflösung der Partnerschaft (zum Beispiel auch beim Tod eines Gefährten) keine Seite (auch kein Angehöriger) ungerechtfertigte Ansprüche geltend machen kann.

- Die vertragliche Feststellung von gemeinsamem Liegenschaftseigentum genügt nicht, wenn eine entsprechende grundbuchamtliche Eintragung fehlt.

- Jeder muss für sich selbst entscheiden, welche Objekte aus seinem Eigentum ihm wichtig sind und welche nicht. Falsche Grosszügigkeit ist so fehl am Platz wie übertriebene Kleinlichkeit.

- Die das schweizerische Recht auszeichnende Vertragsfreiheit lässt die unterschiedlichsten Varianten zu, die ganz auf die Bedürfnisse der beiden Partner abgestimmt werden können.

Wie ein Konkubinatsvertrag aussehen kann, wird im Anhang auf Seite 154 mit zwei Musterverträgen gezeigt. Sie sollen natürlich nicht blind übernommen, sondern auf die Bedürfnisse der einzelnen Lebensgemeinschaft abgestimmt werden. Das gilt insbesondere für die Frage, ob man sich für gemeinsame oder getrennte Kasse oder eine Mischform entscheiden will. Unabdingbar ist nach unserer Überzeugung lediglich ein Punkt: Wenn zwei Partner sich optimal sicherstellen wollen für den Fall, dass dem einen oder andern etwas zustösst (Gesundheitskatastrophe oder Ableben), so sollte man sich, unabhängig von einem allfälligen Konkubinatsvertrag, testamentarisch begünstigen, wie das im Kapitel «Schenken und Vererben» (Seite 45, siehe auch Beispiel im Anhang, Seite 158) vorgeschlagen wird.

Schenken und Vererben

Materielle Sicherstellung des Partners

Konkubinatspartner haben gegenseitig keinen gesetzlichen Erbanspruch. Und dem Versuch, einen Lebensgefährten durch ein Testament oder durch Schenkungen materiell sicherzustellen, stehen erbrechtliche Barrieren verschiedenster Art im Weg (siehe auch den Beobachter-Ratgeber «Testament, Erbfolge, Erbschaft»).

In keinem anderen Gebiet hat die Gesetzgebung so einschneidende Regeln zugunsten von Familie und Ehepartner aufgestellt wie im Erbrecht. Ehegatten haben einen zwingenden Erbanspruch gegenüber ihrem verstorbenen Lebensgefährten (gesetzlicher Pflichtteil). Im neuen Eherecht wurde die Stellung des überlebenden Ehepartners gegenüber den übrigen Erben sogar noch verbessert.

Damit jede Leserin und jeder Leser sofort abschätzen kann, ob das Problem von persönlicher Tragweite ist, muss zunächst die Pflichtteilsregelung wenigstens summarisch rekapituliert werden: *Nur der Nachlass von Personen, die Eltern oder Nachkommen haben (oder noch nicht geschieden sind), fällt unter die gesetzliche Pflichtteilsregelung.* Der Pflichtteil der Nachkommen (unabhängig davon, ob es sich um Kinder oder Enkel handelt) beträgt drei Viertel des Nachlasses. Konkubinatspartner können also lediglich über das verbleibende Viertel zugunsten des Lebenspartners oder der Lebenspartnerin verfügen. Fehlen Nachkommen, kommen die Eltern bzw. der überlebende Elternteil zum Zug, und zwar mit der Hälfte des verfügbaren Nachlasses. Unter solchen Umständen dürfen Konkubinatspartner also über die Hälfte ihres Eigentums testamentarisch verfügen. Heikel ist auch die Situation von Personen, die dem Buchstaben nach noch verheiratet (oder allenfalls getrennt) sind, aber mit einem neuen Partner in einer Ehe ohne Trauschein zusammenleben. Auch sie müssen auf die Pflichtteilsregelung Rücksicht nehmen; mindestens ein Viertel fällt zwangsläufig dem überlebenden Ehemann bzw. der überlebenden Ehefrau zu. Zu beachten ist: Wurden die Erbberechtigten – also Nachkommen, Eltern oder Ehepartner – nicht durch ein Testament auf den Pflichtteil gesetzt, fällt ihnen der volle gesetzliche Anspruch zu; das ist wesentlich mehr als der Pflichtteil. Unverheiratete Partner oder Partnerinnen gehen dann völlig leer aus.

Man sieht: Die vom Gesetzgeber zur Stärkung der Familie erlassenen Bestimmungen gelten für unverheiratete Lebenspartner nicht. Im Gegenteil; allfällige zur Sicherstellung des Partners ergriffene Massnahmen können nachträglich angefochten werden, wenn der für diese testamentarischen Dispositionen verantwortliche Gefährte stirbt und erbberechtigte Verwandte hinterlässt. Vier bundesgerichtliche Urteile sollen einen ersten Einblick in die Problematik dieser Themenstellung gewähren.

Ehefrau und Tochter auf den Pflichtteil gesetzt

Ein aufschlussreicher Entscheid ist schon 1959 gefällt worden, und zwar in erstaunlich konkubinatsfreundlichem Sinn: Da hatte ein nicht geschiedener Mann während seinen neun letzten Lebensjahren mit einer Freundin zusammengelebt und ihr 50 000 Franken vermacht. Nach seinem Tod fochten die Hinterlassenen, nämlich die Witwe und die gemeinsame Tochter, das Testament an. Zwar lag angesichts des grossen Vermögens keine Pflichtteilsverletzung vor; aber die beiden Damen argumentierten mit dem Hinweis auf die angebliche Unsittlichkeit der Beziehung zwischen dem Verstorbenen und seiner Partnerin. Obschon das Konkubinat in den fünfziger Jahren gesellschaftlich noch verpönt war, wies das Bundesgericht (BGE 85 II 378) die beiden Klägerinnen ab: «Die aufmerksame und hingebende Pflege ist wahrscheinlich in den Augen des Erblassers von Tag zu Tag wichtiger geworden als die geschlechtlichen Beziehungen, selbst wenn diese noch fortdauerten. Nachdem der Erblasser eine junge Frau von 34 Jahren ... an sein Schicksal gebunden hatte, ohne sie zu heiraten, musste er sich auch moralisch verpflichtet fühlen, die Zukunft seiner Freundin, die ihn glücklich gemacht hatte, materiell einigermassen zu sichern, zumal da er dies sehr wohl zu tun vermochte ... Hieraus folgt, dass die angefochtenen Vermächtnisse nicht unsittlich sind.»

Haushälterin oder Geliebte?

Neun Jahre später hatten sich die Richter in Lausanne erneut mit einem angeblich unsittlichen Testament zu befassen (BGE 94 II 5).
► Diesmal ging es um einen in der Schweiz als Archimandrit – das ist die zweithöchste Priesterwürde in der griechisch-orthodoxen Kirche – lebenden Griechen, der seine langjährige Haushälterin zur Alleinerbin eingesetzt hatte. Seine Nichte focht das Testament wegen Unsittlichkeit an und machte geltend, die Begünstigte sei nicht nur Haushälterin, sondern in erster Linie Geliebte des Archimandriten gewesen. Da er als Priester auf das Zölibat verpflichtet gewesen sei, müsse man das offensichtliche Liebesverhältnis zur begünstigten «Haushälterin» als unsittlich und damit das Testament als ungültig bezeichnen. ◄

Demgegenüber ging das Bundesgericht davon aus, ein eigentliches Konkubinat habe nicht bestanden, zumal die Begünstigte «wegen ihrer hingebenden Tätigkeit als Gehilfin des X in seinem Amt sehr geschätzt war». Dann weiter wörtlich: «In der Schweiz kommt es häufig vor und gilt gemeinhin als zulässig, dass ein Geistlicher, der durch die von ihm abgelegten religiösen Gelübde zum Zölibat verpflichtet ist, mit seiner Haushälterin unter dem gleichen Dach lebt … Unter diesen Umständen kann das letztmals von einem 81jährigen Geistlichen bestätigte Testament zugunsten der damals 70jährigen Haushälterin, die während 50 Jahren sein Haus geführt und ihn in seinem Amt unterstützt hatte, nach schweizerischem Recht nicht als unsittlich gelten.»

«Unmoralisches» Liebesverhältnis

Am 13. Juli 1967 (BGE 93 II 165) erklärte das Bundesgericht dagegen das Testament eines Erblassers als ungültig, obschon dieser als Lediger kinderlos gestorben war und hoffen durfte, seine Freundin ohne weiteres begünstigen zu können. Diese aber ging leer aus, und das Erbe fiel an fünf Halbgeschwister des Verstorbenen.

Der Entscheid stützte sich auf folgende Bestimmung des Erbrechts: «Eine Verfügung von Todes wegen wird auf erhobene Klage für ungültig erklärt, wenn ihr Inhalt oder eine ihr angefügte Bedingung unsittlich oder rechtswidrig ist.» Besonders ins Gewicht fiel die kurze Dauer der Bekanntschaft. Die beiden hatten sich im Februar 1963 an der Fasnacht kennengelernt. Schon im darauffolgenden Juni errichtete der Erblasser sein Testament und starb im April 1964. Zudem gingen die Richter von einem ehebrecherischen Charakter des Verhältnisses aus, weil die Freundin des Erblassers im Zeitpunkt, als sie sich mit ihm einliess, verheiratet war. Aus dem Entscheid: «Der Erblasser hatte seinen letzten Willen zu Papier gebracht mit dem Ziel, seine Freundin auf diese Weise für die Fortsetzung ihrer ehewidrigen Beziehung zu ihm bewegen zu können … Deshalb muss das umstrittene Testament annulliert werden.»

Gesellschaftlicher Wandel

In einem neueren Entscheid aus dem Jahr 1983 (BGE 109 II 15) war ein ähnlicher Fall zu beurteilen:

▶ Der inzwischen verstorbene Erblasser hatte im Testament seine Freundin begünstigt, mit der er, ohne geschieden zu sein, zusammenlebte. Die hinterlassene Ehefrau focht die Zuwendung zugunsten ihrer Rivalin an und berief sich darauf, diese habe «sich während Jahren der Prostitution hingegeben» und «auch noch zu Beginn des Konkubinats mit dem Erblasser mit anderen Männern Bekanntschaft gehabt, die ihr Geld gegeben hätten». Trotzdem wurde ihre Klage bis hinauf zum Bundesgericht abgewiesen. ◄

Das testamentarische Vermächtnis des Verstorbenen – so wird der Entscheid begründet – könne nicht als sittenwidrig gelten: «Die Rechtsprechung trägt dem gesellschaftlichen Wandel Rechnung, der in den vergangenen Jahrzehnten mit Bezug auf die eheähnliche Lebensgemeinschaft eingetreten ist. Dass diese Art des Zusammenlebens in jüngster Zeit zu einer verbreiteten und von der Gesellschaft ... weitgehend tolerierten Erscheinung geworden ist, ist notorisch.»

Aufschlussreich ist der Entscheid auch deshalb, weil das Bundesgericht sich vom althergebrachten Klischee befreit hat, wonach die Ehe als moralisch hochstehend und das Konkubinat als verwerflich zu betrachten sei: «Dass gerade auch in einer gefestigten eheähnlichen Gemeinschaft in der Beziehung zwischen Mann und Frau neben dem Geschlechtlichen anderes von Bedeutung sein kann, lässt sich im Ernst nicht bestreiten.»

Was tun, damit ein Partner beim Tod des Gefährten nicht leer ausgeht?

Wird nichts vorgekehrt, so steht dem überlebenden Freund oder der überlebenden Freundin keinerlei Anspruch auf die Hinterlassenschaft zu. Als Ausweg bieten sich ein Testament oder andere schriftliche Vereinbarungen an.

Da das Zivilgesetzbuch lediglich Ehegatten sowie Blutsverwandte als erbberechtigt anerkennt, können unverheiratete Partner grundsätzlich nicht automatisch an der Hinterlassenschaft ihres Lebensgefährten teilhaben. Selbst wenn sie enorme Verdienste um den Verstorbenen geltend machen können, wenn sie ihn beispielsweise während Jahren hingebungsvoll pflegten oder ihn sogar massiv finanziell unterstützten, steht ihnen keinerlei Anspruch auf das Erbe zu. Doch haben es Konkubinatspartner in der Hand, dafür zu sorgen, dass nach ihrem Ableben der Gefährte oder die Gefährtin wenigstens in den Genuss der frei verfügba-

ren Quote gelangt (das ist jener Teil der Hinterlassenschaft, der nicht
durch die Pflichtteilsregelung gebunden ist). Sie können sich diese frei
verfügbare Quote gegenseitig in ihren Testamenten zuweisen (Beispiel,
siehe Anhang Seite 158).

● Zu beachten ist Absatz 1 von Artikel 505 ZGB: «Die eigenhändige
letztwillige Verfügung ist vom Erblasser von Anfang bis zu Ende mit
Einschluss der Angabe von Ort, Jahr, Monat und Tag der Errichtung
von Hand niederzuschreiben sowie mit seiner Unterschrift zu versehen.»

Auch das gegenseitige Testament ist allerdings keine 100prozentige
Garantie dafür, dass zum Beispiel eine Frau, die ihrem Freund jahrelang
den Haushalt geführt hat, bei seinem Ableben nicht doch leer ausgeht.
Kein Gesetz hindert den Freund nämlich daran, ein einmal aufgesetztes
Testament wieder abzuändern oder zu vernichten … Wer ganz sicher-
gehen will, setzt zusammen mit dem Partner einen Erbvertrag auf; dieser
wird öffentlich beurkundet und kann nur mit gemeinsamer Unterschrift
aufgehoben werden.

Selbst wenn zwei Partner ihre eheähnliche Gemeinschaft glaubwürdig
und auf Dauer nach dem Vertrauensprinzip aufgebaut haben, können
unvorhersehbare Vorgänge zu herben Enttäuschungen führen.

▶ Erika G. und Ernst P. lebten beinahe zehn Jahre zusammen. Beide
waren berufstätig. Aufgrund gemeinsamer Abmachungen kam Erika G.
voll für die normalen Lebenshaltungskosten auf. Ernst P. finanzierte
dafür die Ferien und legte den Hauptteil seines Einkommens aufs Spar-
buch und in Wertschriften an mit dem Ziel, damit gelegentlich den Kauf
einer Liegenschaft zu finanzieren. Als er knapp vierzigjährig Opfer eines
Verkehrsunfalles wurde, hinterliess Ernst P. ein Vermögen von über
100 000 Franken, so dass Erika G. hoffen konnte, wenigstens einen Teil
der von ihr geleisteten Zahlungen zurückzuerhalten. Die Erben ihres
Freundes weigerten sich jedoch, ihre Ansprüche anzuerkennen. Den
Beweis, dass ihr finanzieller Beitrag rechtlich gesehen als Darlehen
zugunsten des Freundes aufzufassen war, konnte sie nicht erbringen.
Und so musste Erika G. zusehen, wie der gesamte Nachlass des Verstorbenen an seine gesetzlichen Erben ging, davon Zehntausende von Franken, die nur hatten gespart werden können, weil sie den Haushalt finan-
ziert hatte. ◀

Gerade dieses Beispiel zeigt, dass klare schriftliche Vereinbarungen den einzigen wirksamen Schutz eines Partners vor solchen Überraschungen darstellen. Im vorliegenden Fall hätte eine einfache schriftliche Erklärung des Ernst P., wonach er seiner Freundin eine genau zu umschreibende Summe schulde, genügt, um ihr den Zugriff auf den Nachlass zu ermöglichen (im Anhang finden sich Muster für Schuldanerkennungen, Seite 159).

Kann man die strenge Pflichtteilsregelung umgehen?

Die nachstehend wiedergegebenen Rezepte sind alle gleich problematisch, weil es sich eben tatsächlich um eindeutige Umgehungsversuche handelt.

Auf dem Umweg über den Abschluss einer Lebensversicherung kann ein Gefährte versuchen, seinen Partner sicherzustellen. Er setzt ihn als Begünstigten für die im Todesfall fällige Summe ein, und der entsprechende Betrag wird, ohne dass er zum Nachlass gehörte, ausbezahlt. Aber dieser theoretisch einwandfrei funktionierende Mechanismus kann von jedem Erbberechtigten zum Stehen gebracht werden, wenn Anhaltspunkte dafür vorliegen, dass die Prämienzahlungen auf eine Verletzung des Pflichtteils hinauslaufen.

Auch andere gewichtige Zuwendungen, beispielsweise Geschenke zu Lebzeiten (hier ist insbesondere an Eigentumswohnungen zu denken), sind beliebte Massnahmen zur materiellen Sicherstellung eines Lebensgefährten. Aber in all diesen Fällen können die Erben eines verstorbenen Partners versuchen, eine Pflichtteilsverletzung zu beweisen.

▶ Die prekäre Situation, die sich aus dem Fehlen erbrechtlicher Bestimmungen zugunsten von Gefährte oder Gefährtin ergeben kann, wurde in den siebziger Jahren in Basel im Zusammenhang mit einem konkreten Fall weiterum erörtert: In einem Testament hatte eine vermögende Frau ihren wesentlich jüngeren Freund als Universalerben eingesetzt. Ohne diesen Schritt wäre bei ihrem Tod die gesamte Hinterlassenschaft weit entfernten Verwandten zugekommen. Nun aber ehelichte der von ihr begünstigte Mann in der Folge eine andere Frau. Da die Erblasserin das

Testament in der Zwischenzeit weder änderte noch vernichtete, ging nach ihrem Tod das gesamte Millionenvermögen an den früheren Gefährten, obschon dieser sie schon längst verlassen und eine andere Partnerin geheiratet hatte. ◄

Sucht jemand für seinen Partner vorzusorgen, so muss er mit Komplikationen rechnen, wie sie in den vorangehenden Abschnitten geschildert worden sind. Hinterlässt er pflichtteilsberechtigte Verwandte – Kinder, Eltern oder einen getrennt lebenden, aber nicht geschiedenen Ehegatten –, so darf er nicht frei über sein Vermögen verfügen. Bei testamentarisch fixierten Zuwendungen zugunsten seines Lebensgefährten dürfen die Pflichtteile nicht verletzt werden.

Kann man mit den erbberechtigten Angehörigen Vereinbarungen treffen?

Die einschlägigen Bestimmungen des Erbrechts können durch den Abschluss eines sogenannten Erbvertrags mit den Pflichtteilsberechtigten ausser Kraft gesetzt werden. Solche Lösungen setzen allerdings ein Spiel mit offenen Karten voraus und sind nur zu verwirklichen, wenn alle Beteiligten bereit sind, einen Problemfall innerhalb der Familie vorurteilsfrei zu lösen. Oft liegen die Interessen der verschiedenen Seiten weniger weit auseinander, als man zunächst annehmen möchte: So kann es für Kinder eines alternden Elternteils von zentraler Bedeutung sein, Vater oder Mutter gut versorgt zu wissen. Ein Konkubinatsverhältnis kann in solchen Situationen konsolidierend wirken, was die Kinder veranlassen wird, sich zu Konzessionen im Zusammenhang mit der Regelung eines allfälligen Nachlasses bereitzufinden. Mit anderen Worten: Sie verzichten vertraglich auf einen Teil ihres Pflichtteilanspruchs zugunsten des Partners des Erblassers. Ein vergleichbares Entgegenkommen seiner pflichtteilsberechtigten Angehörigen kann ein begüterter Erblasser erwirken, wenn er einen Teil des Erbes schon zu Lebzeiten zur Auszahlung bringt.

Zu beachten ist: Sämtliche Dispositionen der hier angedeuteten Art können nicht im stillen Kämmerlein getroffen werden, sondern bedürfen gemäss Artikel 499 und 512 ZGB sorgfältiger Vorbereitung und der öffentlichen Beurkundung durch einen Notar oder je nach Kanton eine andere Urkundsperson.

Wie hoch sind die Erbschaftssteuern?

Während der überlebende Ehegatte für die ihm vom verstorbenen Partner zufallende Erbschaft entweder gar nicht oder nur sehr wenig belastet wird, hat ein Konkubinatspartner, der vom verstorbenen Gefährten testamentarisch bedacht wurde, mit hohen Erbschaftssteuern zu rechnen.

In der Hälfte der Kantone muss der überlebende Ehegatte überhaupt keine Erbschaftssteuer bezahlen. Und wo es sie gibt, fällt sie ausgesprochen bescheiden aus. Die höchsten Ansätze, wie sie zum Beispiel FR, NE und TI anwenden, machen immer noch nur rund fünf Prozent aus.

Demgegenüber werden testamentarisch eingesetzte Konkubinatspartner massiv geschröpft. FR und GE (sowie bei hohen Beträgen SH) kassieren die volle Hälfte der Erbschaft. In TG beträgt der Ansatz bei einer Erbschaft von 100 000 Franken rund 40 Prozent, um bei einer halben Million auf sage und schreibe 60 Prozent zu steigen; dem überlebenden, unverheirateten Partner bleiben von 500 000 Franken auch bei testamentarisch einwandfreier Regelung lediglich 200 000 Franken! In den meisten anderen Kantonen beteiligt sich der Staat an der Erbschaft des begünstigten Konkubinatspartners mit ebenfalls ins Gewicht fallenden Anteilen zwischen einem Fünftel und einem Drittel.

Wer als Konkubinatspartner erbt, dem wird kein auch noch so kleiner Betrag steuerfrei überlassen. Es gibt aber in einigen Kantonen kleine Hintertürchen, die allenfalls benützt werden können bei ausreichend wohlwollender Einstellung des Steuerkommissärs: Wer glaubhaft machen kann, dass von einem eigentlichen Verlöbnis gesprochen werden muss, dem steht beispielsweise im Kanton Zürich immerhin ein Freibetrag von 10 000 Franken zu.

Wie vermeidet man hohe Erbschaftssteuern?

Die hohe steuerliche Belastung des Konkubinatspartners hängt mit der fehlenden zivilrechtlichen Anerkennung des Konkubinats zusammen. Beim Tod eines Lebensgefährten wird der Überlebende, selbst wenn er durch eine letztwillige Verfügung begünstigt wurde, als unbeteiligter Dritter behandelt. Der Staat fühlt sich nicht verpflichtet, irgendwelche Rücksicht auf eine Gemeinschaft zu nehmen, die es für ihn gar nicht gibt.

Begüterten Partnern, die in einer Ehe ohne Trauschein leben, bleibt nichts anderes als die Heirat übrig, wenn sie der enteignungsähnlichen Besteuerung entgehen wollen, die den überlebenden Partner trifft. Eine

Eheschliessung sollte vor allem dann ins Auge gefasst werden, wenn auch nur bescheidener Liegenschaftsbesitz vorhanden ist. Angesichts der explodierenden Preise auf diesem Sektor werden Verkehrswertschätzungen, wie sie beim Erbgang erforderlich sind, schnell zu hohen Beträgen und entsprechend hohen Erbschaftssteuern führen; wer dann zwischen 30 und 60 Prozent der Substanz an den Fiskus abzuliefern hat, der wird das geerbte Haus unter Umständen verkaufen müssen.

Dass sich in solchen Fällen der Beizug eines Notars in ganz besonderer Weise aufdrängt, braucht wohl kaum betont zu werden. Wo es um Hunderttausende geht, da sollte man die Kosten einer zuverlässigen Fachberatung nicht scheuen.

Geschiedene Partner

Ansprüche einer Konkubinatspartnerin gegenüber ihrem Exmann

Eine Frau, der durch Scheidungsurteil eine Rente zugesprochen wurde, kann ihrer Ansprüche verlustig gehen, wenn sie eine dauerhafte Verbindung mit einem anderen Mann eingeht. Die nachstehende Analyse der bundesgerichtlichen Praxis macht deutlich, unter welchen Voraussetzungen mit einer solchen Entwicklung zu rechnen ist.

Häufig verzichten zwei Lebenspartner auf eine neue Heirat, weil sie hoffen, damit die Unterhaltsansprüche des einen Partners retten zu können. Artikel 153 ZGB schreibt zwingend vor: «Wird durch das Urteil oder durch Vereinbarung eine Rente festgesetzt, so hört die Pflicht zu ihrer Entrichtung auf, wenn der berechtigte Ehegatte sich wieder verheiratet.» Über die Folge eines bloss eheähnlichen Verhältnisses, das ein unterhaltsberechtigter geschiedener Ehegatte eingeht, schweigt sich das Zivilgesetzbuch aus.

Trotzdem aber hat der zur Unterhaltszahlung verpflichtete geschiedene Ehegatte die Möglichkeit, durch Anrufung des Richters von weiteren Leistungen zugunsten des früheren Ehepartners befreit zu werden, sobald dieser in eheähnlicher Gemeinschaft lebt. Er kann sich nämlich auf Artikel 2 ZGB berufen: «Der offenbare Missbrauch eines Rechtes findet keinen Rechtsschutz.» Missbräuchlich also kann es sein, wenn ein Konkubinatsverhältnis nur deshalb nicht in eine zivilstandesamtlich geschlossene Ehe verwandelt wird, damit der eine Partner Unterstützungszahlungen aus einer vorausgegangenen, geschiedenen Ehe nicht verliert. Wie unbefriedigend das Fehlen klarer gesetzlicher Normen ist, zeigt der Slalomkurs, den die schweizerische Justiz bei der Beurteilung solcher Fälle eingeschlagen hat. Die nachstehend zusammengefassten Entscheide des Bundesgerichts zeigen einige Kriterien auf, die zur Anwendung gelangen. Sie machen aber gleichzeitig deutlich, wie subtil zum Teil die Unterschiede sind, die den obersten schweizerischen Gerichtshof veranlassen, in einem Fall zugunsten eines rentenbeziehenden Konkubinatspartners zu entscheiden und im anderen Fall gegen ihn.

Rentenprozesse: eine Lotterie

▶ Erstmals setzte im Jahr 1976 ein geschiedener Mann das Justizkarussell über die umstrittene Frage der Fortsetzung der Unterstützungszahlungen an seine Exfrau in Gang. Nach 27 Jahren war die Ehe 1974 geschieden worden. Der Mann wollte die ihm auferlegte Unterstützungsleistung von 1000 Franken monatlich nicht mehr weiter erbringen, weil seine frühere Frau mit einem Freund zusammenlebte und weil sie diesen nach seiner Überzeugung nur deshalb nicht heiratete, um die Alimente nicht zu verlieren. ◀

In erster Instanz wies das Bezirksgericht Uster die Klage des Mannes ab. Das Zürcher Obergericht hingegen schützte sie in vollem Umfang und hob die Verpflichtung des Klägers zur weiteren Bezahlung der Rente auf. Vergeblich rief die unterlegene Exfrau das Bundesgericht an. Dieses hielt im Urteil vom 21. August 1978 (BGE 104 II 154) im wesentlichen fest: «Gewiss lässt Art. 153 Abs. 1 ZGB die Rentenverpflichtung nur mit der Wiederverheiratung des berechtigten Ehegatten enden. Doch bleibt wie bei jeder Rechtsausübung auch hier der Tatbestand des Rechtsmissbrauches vorbehalten.» Mit anderen Worten: Das Bundesgericht betrachtete hier das Konkubinat als eheähnliche Verbindung, durch die der auf eine frühere Ehe zurückgehende Unterstützungsanspruch der Partnerin null und nichtig werde. Demnach kann einem geschiedenen Mann nicht zugemutet werden, an ein dauerhaftes Konkubinatsverhältnis seiner Exfrau einen finanziellen Zustupf zu leisten.

Beständigkeit als Kriterium

Zu Unrecht betrachtete ein anderer geschiedener Mann den soeben zitierten bundesgerichtlichen Entscheid als Aufforderung, nun das Rentenaufhebungskarussell auch für sich in Bewegung zu setzen. Die kantonalen Instanzen schützten die Klage unter anderem mit der Begründung, die Exfrau des Klägers habe sich nicht nur in eine lose Verbindung mit ihrem Freund eingelassen, sondern sei mit ihm eine eigentliche Lebensgemeinschaft eingegangen. Damit liege auf der Hand, dass der Heiratsverzicht des Konkubinatspaares lediglich der Erhaltung der Rente gelte und demnach rechtsmissbräuchlich sei.

Nun aber präzisierte das Bundesgericht seinen früheren Entscheid. Diesmal widersprach es der Missbrauchsthese; neben dem Rentenverlust könne das Paar nämlich auch andere einleuchtende Gründe angeben, die gegen eine Wiederverheiratung sprächen. Im Zeitpunkt der Klageein-

reichung hatte das Konkubinat erst ein Vierteljahr und im Zeitpunkt des
obergerichtlichen Urteils erst ein Jahr gedauert. Nach Auffassung des
Bundesgerichts lässt eine derart knappe Frist noch keinen Schluss auf
die Beständigkeit der Verbindung zu. Damit kann man auch nicht oder
zum mindesten noch nicht feststellen, ob der Partnerin das Zusammenleben mit ihrem Freund tatsächlich eheähnliche wirtschaftliche Vorteile
bringt. Das Bundesgericht rief in Erinnerung, dass ein Konkubinat keinen
gesetzlichen Beistand, keine Unterhaltspflichten und auch keinen
erbrechtlichen Anspruch begründe. Ebenso bewirke die Auflösung einer
bloss eheähnlichen Verbindung keine familienrechtliche Entschädi-
gungs-, Genugtuungs- oder Unterhaltsansprüche. Wörtlich: «Wenn ein
rentenberechtigter geschiedener Ehegatte mit einem neuen Partner keine
Ehe eingeht, sondern mit ihm einfach in einem eheähnlichen Verhältnis
zusammenlebt, so kann darin allein noch nicht ohne weiteres ein Rechtsmissbrauch erblickt werden, der das Dahinfallen der Rente bewirken
würde. Von einem solchen kann vielmehr erst dann gesprochen werden,
wenn der Rentenberechtigte aus der neuen Gemeinschaft ähnliche Vorteile zieht, wie sie ihm die Ehe bieten würde, wenn also anzunehmen
ist, der neue Partner biete ihm Beistand und Unterstützung, wie Art.
159 Abs. 3 ZGB das von einem Ehegatten fordert.»

Offensichtlich ist sich das Bundesgericht der Problematik seiner
Rechtsprechung bewusst. Es hat in diesem Entscheid (BGE 106 II 1)
alles unternommen, um eine sogenannte präjudizielle Wirkung des
Urteils zu verhindern. Wann man von Rechtsmissbrauch sprechen könne,
lasse sich «nicht generell» sagen, «sondern ist aufgrund der Umstände
des Einzelfalles zu beurteilen … Kann der rentenberechtigte Ehegatte
plausible Gründe dafür anführen, weshalb er seinen Konkubinatspartner
nicht heiratet, so kann ihm nicht ein rechtsmissbräuchliches Verhalten
vorgeworfen werden.» Der hier angedeutete weite Ermessensspielraum
der Justiz, der der Vielfalt der Wirklichkeit entspricht, macht beim gegenwärtigen Stand der Dinge jeden vergleichbaren Prozess zu einer Lotterie.

Hält ein Konkubinat fünf Jahre, dann gilt es als beständig

Erstmals in seinem Entscheid vom 30. Januar 1983 (BGE 109 II 188) hat sich das Bundesgericht auf Richtlinien festgelegt, die eine einigermassen zuverlässige Beurteilung solcher Fragen erleichtern. Zu prüfen war, unter welchen Voraussetzungen davon ausgegangen werden könne, dass die Partner einer Ehe ohne Trauschein sich gegenseitig Beistand und Unterstützung gewähren, wie es gemeinhin Eheleute (in Übereinstimmung mit den verbindlichen Vorschriften des Zivilgesetzbuches) tun. Ist diese Voraussetzung erfüllt, so kann ein geschiedener früherer Ehepartner die weitere Bezahlung der gemäss Scheidungsurteil geschuldeten Alimente verweigern. Dazu nun das Bundesgericht: «Als objektives Kriterium ist die Dauer des Konkubinats von einer gewissen Bedeutung. Je länger ein Konkubinat gedauert hat, desto eher ist in der Regel die Annahme berechtigt, die Partner fühlten sich moralisch verpflichtet, sich gegenseitig wie Ehegatten beizustehen.»

Dieser Mechanismus spielt gemäss Bundesgericht mit grosser Wahrscheinlichkeit dann, wenn ein Konkubinat «seit mindestens fünf Jahren dauert». Beinahe aufsehenerregend ist dieser Entscheid des Bundesgerichts, weil das hier entwickelte Kriterium ausdrücklich im Blick auf die «Rechtssicherheit» entwickelt wurde. Das Bundesgericht bemühte sich also, die eheähnliche Gemeinschaft in die Rechtspraxis einzubetten, obschon es gleichzeitig festhielt, es werde weiterhin geprüft werden müssen, wie sich jeweils der Einzelfall präsentiere.

Nicht vorschnell auf Alimente verzichten

Nach bundesgerichtlicher Praxis kann man also von einer dauerhaften eheähnlichen Verbindung ausgehen, wenn ein Konkubinat mindestens fünf Jahre lang gedauert hat. Wird einzig deshalb nicht geheiratet, damit der Exmann weiterhin die Alimente bezahlen muss, kann ein eigentlicher Rechtsmissbrauch vorliegen. Aber allzu schnell muss sich eine geschiedene Frau, die im Konkubinat lebt, die Streichung der Alimente ihres Exmannes nicht gefallen lassen. Solange die durch rechtskräftiges Urteil festgelegten Zahlungsverpflichtungen des geschiedenen Mannes nicht in einem neuen Prozess abgeändert wurden, kann die Exfrau ihre Ansprüche erfolgreich auf dem Weg der Betreibung geltend machen. Der Rechtsöffnungsrichter muss ihrem Begehren stattgeben. Und der Exmann wird scheitern beim Versuch, sich durch Rechtsvorschlag um weitere Zahlungen an seine Exfrau zu drücken.

Das ist am 22. Februar 1990 vom Bernischen Appellationshof eindrücklich bestätigt worden (SJZ 16/17 1990). In diesem Fall war die lange Dauer des Konkubinats unbestritten, lebte doch die Frau seit Januar 1983 in Hausgenossenschaft mit ihrem Freund. Die Bernische Justiz lehnte es trotzdem ab, den Exmann schon im Betreibungsverfahren von seinen Alimenten zu befreien. Bei der Rechtsöffnung handelt es sich nämlich um ein sogenanntes summarisches Verfahren, in welchem aufgrund von Dokumenten – hier des Scheidungsurteils – entschieden wird. Eine selbständige Überprüfung von Anfechtungsgründen ist nur im normalen Abänderungsprozess möglich. Und so hat im vorliegenden Verfahren der Appellationshof zu Recht erklärt: «Allein der Umstand, dass ein mehr als fünf Jahre dauerndes Konkubinat besteht, sagt auch nach neuer Bundesgerichtspraxis noch nichts darüber aus, ob das Festhalten an der Alimentenberechtigung zulässig ist oder nicht.» Mit andern Worten: Erst wenn im Abänderungsurteil der Rechtsmissbrauch ausdrücklich anerkannt wird, ist der Exmann von weiteren Unterhaltszahlungen befreit.

Eheähnliche Verbindung auch bei enormem Altersunterschied

Eine Tendenz zur Anerkennung des Konkubinats als eheähnliche Gemeinschaft scheint sich indessen abzuzeichnen; ein bemerkenswertes Indiz dafür: In einem früheren Entscheid ist ein grosser Altersunterschied (mit einer um 18 Jahre älteren Partnerin) als Unsicherheitsfaktor gewertet worden, der gegen eine eheähnliche stabile Gemeinschaft spreche. Das führte zur Abweisung der Klage des Exmannes auf Aufhebung der ihm auferlegten Rentenverpflichtung. Früher oder später müsse damit gerechnet werden, dass der viel jüngere Partner seine ältere Gefährtin im Stich lasse.

Demgegenüber entzogen die Richter in Lausanne am 2. Mai 1991 (in einem in der amtlichen Sammlung nicht publizierten, aber von der NZZ kommentierten Urteil, 5C247) einer 61jährigen geschiedenen Frau auf Antrag des Exmannes die Scheidungsrente. Wohl war ihr neuer Partner volle 18 Jahre jünger, doch wurde dieser Umstand nicht als ausreichender Grund zur Annahme einer unstabilen Verbindung betrachtet. Vielmehr schienen die üblichen Voraussetzungen erfüllt zu sein, nämlich die gelebte Dauer des Konkubinats von weit über fünf Jahren und übrige Merkmale der eheähnlichen Gemeinschaft. So konnte der Kläger und Exmann einen vollen Erfolg buchen: Das Scheidungsurteil wurde abgeändert, so dass er keine Unterstützungszahlungen mehr leisten musste.

Konkubinat oder Wohngemeinschaft?

Die gesellschaftspolitische Entwicklung der letzten Jahre hat sich auch in der Gerichtspraxis niedergeschlagen. Dazu gehört in erster Linie die allgemeine Tendenz, den Freiraum des Bürgers nicht anzutasten und nicht ohne Not in seine persönlichen Verhältnisse einzudringen. Aber bei der Prüfung der Rechtsmissbräuchlichkeit des weiteren Rentenbezugs müssen die Richter zwangsläufig in die Privatsphäre solcher Partnerschaftsverhältnisse vorstossen und sich ein Urteil über Fragen anmassen, die sonst niemanden etwas angehen. Das ist auch insofern problematisch, als es unter diesen Voraussetzungen oft auf die Geschicklichkeit von zwei Partnern ankommen wird, ob ihnen ein eheähnliches Verhältnis «nachzuweisen» ist oder ob von einer eher unverbindlichen, nicht auf Dauer angelegten Beziehung auszugehen ist.

Wie weit der erwähnte Einbruch in die Intimsphäre geht, zeigt der folgende bundesgerichtliche Entscheid zum Thema (Pra 1989 Heft 2, Nr. 34).

▶ Eine geschiedene Frau lebte seit knapp fünf Jahren mit ihrem neuen Partner im Konkubinat. Ihr Exmann wollte dieses neue Verhältnis zum Anlass nehmen, um seine Unterstützungszahlungen einzustellen. Der Fall stand auf Messers Schneide. ◀

Beeindruckend schienen die Argumente, die gegen eine neue Eheschliessung und damit gegen die These sprachen, eine neue Heirat werde nur deshalb nicht in Betracht gezogen, um die Alimentenzahlungen nicht zu verlieren: Die bereits 54jährige Frau befürchte eine Verstärkung der auf die erste Ehe zurückgeführten psychischen Schäden im Fall einer Wiederverheiratung. Ausserdem wolle sie den beiderseits vorhandenen Erben die Probleme ersparen, die im Fall einer Verheiratung mit dem Konkubinatspartner entstehen würden. Auf der anderen Seite wies das Bundesgericht auf handgreifliche Indizien hin, die «für das Vorliegen eines qualifizierten Konkubinats» sprächen, einer Geschlechtsgemeinschaft also, der eheähnliche Bedeutung zukommt und welche die Unterstützungsleistungen eines geschiedenen Ehepartners als unzumutbar erscheinen lasse. Die Wohnung der Konkubine sei «durch eine Wendeltreppe mit derjenigen ihres Freundes verbunden». Und dieser habe «in der persönlichen Befragung ausgesagt, sich gegenüber der Beklagten in einer Notsituation schon zu Beistand verpflichtet zu fühlen». Trotzdem wurde die Klage des Exmannes auf Streichung der Alimente schliesslich

abgewiesen. Der Schluss, es liege eine eheähnliche Gemeinschaft vor,
sei «nicht zwingend».

In einem neuen bundesgerichtlichen Entscheid (BGE 118 II 235)
findet sich eine aufschlussreiche Variante dieser Auffassung. Da klagte
ein Geschiedener auf Aufhebung seiner im Scheidungsurteil verankerten
Rentenverpflichtung gegenüber seiner Exfrau mit dem Hinweis, sie lebe
seit über fünf Jahren im Konkubinat und werde von ihrem neuen Partner
finanziell unterstützt. Das Bundesgericht wies die Klage ab; es handelt
sich dabei um ein Grundsatzurteil, das auch in parallelen Fällen herangezogen werden kann. Wörtlich:

«Als Konkubinat im engeren Sinn gilt eine auf längere Zeit, wenn
nicht auf Dauer angelegte umfassende Lebensgemeinschaft von zwei
Personen unterschiedlichen Geschlechts …, die sowohl eine geistig-
seelische als auch eine körperliche und eine wirtschaftliche Komponente
aufweist und auch etwa als Wohn-, Tisch- und Bettgemeinschaft bezeichnet wird. Indessen kommt nicht allen drei Komponenten dieselbe Bedeutung zu. Fehlt die Geschlechtsgemeinschaft oder die wirtschaftliche
Komponente, leben die beiden Partner aber trotzdem in einer festen und
ausschliesslichen Zweierbeziehung, halten sich gegenseitig die Treue
und leisten sich umfassenden Beistand, so ist eine eheähnliche Gemeinschaft zu bejahen.»

Wer in solchen juristischen Kontroversen wem was zu beweisen hat,
das ist für alle Betroffenen von besonderem Interesse; die bundesgerichtliche Lesart: «Dass ein Konkubinat im engeren Sinne zwischen der
unterhaltsberechtigten Beklagten und ihrem neuen Partner besteht, hat
der unterhaltsverpflichtete Kläger zu beweisen. Er hat demnach Tatsachen darzutun, aus denen sich das Vorhandensein einer solchen umfassenden Lebensgemeinschaft ergibt … Besteht die Vermutung, dass bei
einem im Zeitpunkt der Klageeinleitung bereits fünf Jahre dauernden
Konkubinat die rentenberechtigte Beklagte aus der neuen Gemeinschaft
eheähnliche Vorteile ziehe und nur zur Vermeidung des Rentenverlusts
keine neue Ehe eingehe, ist für die Vermutungsbasis voller Beweis zu
leisten … Der unterhaltsverpflichtete Kläger genügt dieser Beweispflicht
nicht, wenn er bloss dartut, dass die rentenberechtigte Beklagte mit
einem Angehörigen des anderen Geschlechts in Hausgemeinschaft lebt
und den Anschein einer eheähnlichen Lebensgemeinschaft geschaffen
hat.» Die peinliche, aber unvermeidliche Schlüsselloch-Perspektive findet sich auch hier. Das Bundesgericht zitiert das Obergericht, wonach
die Exfrau und ihr neuer Partner «seit Beginn ihres Zusammenlebens

im Jahr 1984 keinen Geschlechtsverkehr mehr gehabt haben. Es besteht somit keine Geschlechtsgemeinschaft zwischen den beiden Partnern.»

Vom Exmann, der keine Unterhaltsrente mehr bezahlen will, wird fast Unmögliches verlangt. Im vorliegenden Fall genügte der Hinweis, dass die Konkubinatspartner Frühstück und Abendessen gemeinsam einnehmen und regelmässig auch die Ferien gemeinsam verbringen, nicht. Die beiden machten nämlich umgekehrt geltend, ihre Freizeit würden sie fast ausschliesslich getrennt gestalten, man fahre nur zusammen Ski. Deshalb musste der Kläger seiner Exfrau weiterhin die gerichtlich festgelegten Unterhaltsbeiträge bezahlen, obwohl sie nachweisbar mit einem anderen Mann zusammenlebte.

Neueste Gerichtspraxis: Verlust der Scheidungsrente

Am 6. November 1990 haben die Richter in Lausanne den in den vorausgehenden Abschnitten geschilderten Zickzack-Kurs der Justiz beendet (BGE 116 II 344). Inskünftig werden Konkubinatspartner schneller als bisher mit dem Verlust ihrer Rente aus einer geschiedenen Ehe rechnen müssen. Der Fall, der den neuen Kurs ausgelöst hat:

▶ Ein Altersrentner war nicht mehr bereit, seiner seit Jahren im Konkubinat lebenden Exfrau weiterhin die im Scheidungsurteil festgelegte Rente zu bezahlen. Mit seiner Klage auf Streichung der Rente erzielte er vor Zürcher Obergericht einen vollen Erfolg. Die betroffene Frau rief das Bundesgericht an und machte geltend, ein allfälliger Entzug der Rente würde ihre wirtschaftliche Existenz im Mark treffen. ◀

Diesem Argument widersetzte sich das Bundesgericht. Aus seinem Urteil seien die wichtigsten Passagen zitiert; sie werden wegleitend sein für unzählige ähnlich liegende Fälle: «Nach der neueren bundesgerichtlichen Rechtsprechung ist eine Scheidungsrente aufzuheben, wenn der Rentenberechtigte in einem gefestigten Konkubinat lebt, aus dem er ähnliche Vorteile zieht, wie sie eine Ehe böte, und das Festhalten an der Rente deshalb als offenbar rechtsmissbräuchlich erscheint. Auf die Leistungsfähigkeit und die wirtschaftliche Lage des Konkubinatspartners sollte es dabei nicht entscheidend ankommen, sondern vielmehr auf den Grad der inneren Verbundenheit und das Bestehen einer Schicksalsgemeinschaft ... Der Grund für den Untergang der Rente liegt darin, dass es dem Geschiedenen nicht zuzumuten ist, weiterhin für seinen früheren

Partner aufzukommen, wenn dieser in einer neuen, dauerhaften und
ausschliesslichen Zweierbeziehung lebt, die so eng ist, dass sich die
Partner Treue halten und Beistand leisten … Ein den Rentenuntergang
bewirkendes qualifiziertes Konkubinat liegt auch dann vor, wenn die
Partner aufgrund ihrer wirtschaftlichen Verhältnisse nicht in der Lage
sind, sich gegenseitig finanziell zu unterstützen.»

Das Risiko, dass auch ein langjähriges Konkubinat in die Brüche
gehen kann, bleibt natürlich bestehen; das aber bedeutet, dass geschiedene Konkubinatspartner in Kauf nehmen müssen, eines Tages zwischen
Stuhl und Bank zu fallen: Der geschiedene Exmann (nach neuem Eherecht auch die Exfrau) muss nicht mehr bezahlen, und der langjährige
Freund (bzw. Freundin) kann aus der angeblich dauerhaften Verbindung
aussteigen, ohne irgendwelche Verpflichtungen finanzieller Art für einen
sitzengelassenen Konkubinatspartner zu übernehmen.

Man muss diesen neuen Entscheid natürlich auch im Licht der gesellschaftlichen Veränderungen sehen. In den letzten Jahrzehnten ist die
Scheidungsrate so sehr angestiegen, dass die in unserem Kulturkreis
von den christlichen Konfessionen aufrechterhaltene These von der
lebenslangen, unauflöslichen Ehe immer mehr zur blossen Fiktion
wurde. Zwar kann die Ehe durchaus das tragfähige Fundament einer
Lebensgemeinschaft bleiben; aber es gibt offensichtlich keinen von der
Justiz geschützten rechtlichen Anspruch auf Dauerhaftigkeit, und es gibt
ihn vor allem dann nicht, wenn einer der Partner nach der Scheidung
wieder eine neue Verbindung eingegangen ist.

Salomonisches Urteil –
vom Bundesgericht aufgehoben

Das Dilemma, in dem sich die Justiz beim Abwägen der unvereinbaren
Interessen geschiedener Ehepartner im Zusammenhang mit Unterhalts-
verpflichtung und Konkubinat befindet, hat das Bezirksgericht Brugg
im Jahr 1980 auf elegante Art zu lösen versucht: Ein Kläger strebte die
Aufhebung seiner an die geschiedene Frau geschuldeten monatlichen
Rentenzahlungen an, weil sie nach der Scheidung mit einem Freund
zusammenlebte. Man muss das erstinstanzliche Urteil als salomonisch
bezeichnen, weil nicht nur die Gerichtskosten halbiert, also jeder Partei
zur Hälfte auferlegt wurden, sondern weil auch in der Sache selbst ein
optimaler Kompromiss zum Tragen kam: Dem Kläger wurden lediglich
«die Unterhaltsbeiträge bis zum Wegfall des Konkubinats sistiert». Mit
anderen Worten, das Gericht wollte ihm das Ärgernis ersparen, seine

frühere Frau unterstützen zu müssen, solange sie mit einem andern Mann zusammenlebte. Umgekehrt hat man der Frau das Risiko erspart, eines Tages, nämlich im Fall der Auflösung des Konkubinatsverhältnisses, materiell ungeschützt dazustehen.

Leider ist dieser überzeugende Versuch, eine optimale Abgrenzung der Interessen aller Beteiligten – der Konkubinatspartner so gut wie des Exmannes – herbeizuführen, gescheitert. Sowohl das aargauische Obergericht wie auch das Bundesgericht liessen diese Lösung nicht zu. Es wird in der Rechtsprechung weiterhin nach dem Prinzip «alles oder nichts» verfahren: Entweder wird der Exmann von seiner Rentenverpflichtung gegenüber der im Konkubinat lebenden Frau befreit oder er muss voll weiterzahlen.

Prozessrisiken durch Scheidungskonvention vermindern!

Auseinandergehende Eheleute haben es in der Hand, selber die mannigfachen Ungewissheiten beim Streit über Unterhaltszahlungen aus dem Weg zu räumen. Wenn nach der Scheidung auch nur im entferntesten die Möglichkeit eines Konkubinats eines oder beider Ehepartner besteht, kann und muss dem in der Scheidungskonvention Rechnung getragen werden. Eine solche Konkubinatsklausel könnte beispielsweise folgendermassen lauten: «Lebt die/der Rentenberechtigte länger als zwölf Monate mit einem Mann/einer Frau zusammen, reduziert sich die Rente vom 13. Monat an auf die Hälfte und entfällt vom 25. Monat an gänzlich, solange eine solche Wohngemeinschaft andauert.»

Eine solche Regelung hat den Vorteil, dass nur noch die Existenz einer Wohngemeinschaft, nicht mehr aber eine umfassende Lebensgemeinschaft nachgewiesen werden muss. Damit entfällt für die Betroffenen wie auch für die Justiz die unangenehme Pflicht des Nachweises einer Geschlechtsgemeinschaft. Regelungen der hier diskutierten Art haben ausserdem den Vorteil, dass der Rentenanspruch der betroffenen Person wieder auflebt, wenn die neue partnerschaftliche Beziehung in die Brüche geht.

Scheidungsprozess und Konkubinat

Nicht selten zieht eine Ehefrau (oder ein Ehemann) schon während des Scheidungsprozesses zum neuen Partner. Hat sie trotz eines solchen Konkubinats Anspruch auf Unterhaltsbeiträge während des Prozesses?

Ist die Trennungs- oder Scheidungsklage eingereicht worden, muss der Richter nach Artikel 145 ZGB die nötigen Massnahmen bezüglich des Unterhalts des materiell schwächeren Partner anordnen. Begründet eine Frau nach der Trennung ein Konkubinat und fordert sie trotzdem gleichzeitig noch Alimente von ihrem Exmann, so ist nicht zu prüfen, ob ihr wegen des Konkubinats ein Verschulden an der Ehemisere anzulasten ist oder nicht. Massgebend bleibt ausschliesslich die Frage, ob sie mit ihrem neuen Partner wie eine verheiratete Frau zusammenlebt, und vor allem, ob dieser ihren Unterhalt und denjenigen ihrer Kinder in gleicher Weise sicherstellt, wie es ein Ehemann tun würde. Nur wenn dies der Fall ist, müsste das Begehren um Unterhaltsbeiträge als rechtsmiss-bräuchlich bezeichnet werden. Fehlt diese Voraussetzung, so ist der getrennt lebende Ehemann für den Unterhalt seiner Frau verantwortlich (BGE 116 II 25).

Aber Achtung: Dieses Bundesgerichtsurteil bezieht sich auf Unter-haltsbeiträge während eines Scheidungsprozesses oder während der gerichtlichen Trennung. Bei der Berechnung einer Scheidungsrente dage-gen kann die neue Lebensgemeinschaft der Exfrau durchaus einen nega-tiven Einfluss auf die Rentenhöhe haben oder sogar eine Rente völlig ausschliessen. Dies ist dann der Fall, wenn das Gericht befindet, das Konkubinat habe zur Ehemisere beigetragen oder sie sogar ausgelöst und die Frau treffe ein Scheidungsverschulden.

Lassen sich Verpflichtungen aus einer früheren Ehe abschütteln?

Gerichtlich oder durch Vereinbarung festgesetzte Unterhaltsbeiträge an die geschiedene (oder getrennt lebende) Frau oder an Kinder können mit dem Hinweis auf die finanzielle Belastung durch eine neue Partnerschaft in der Regel nicht reduziert werden.

Unterhaltsbeiträge können grundsätzlich nur auf gerichtliche Klage hin aufgehoben oder herabgesetzt werden und nur, wenn – so schreibt es Artikel 153 ZGB vor – die Bedürftigkeit des Unterstützungsempfängers «nicht mehr besteht oder in erheblichem Masse abgenommen hat». Die Situation des Alimentenzahlers spielt dabei keine Rolle. Im gleichen Artikel wird allerdings eine Reduktion als möglich erklärt für den Fall, dass die Vermögensverhältnisse des Pflichtigen «der Höhe der Rente nicht mehr entsprechen». Mit anderen Worten: Unterstützungsleistungen lassen sich beispielsweise herabsetzen, wenn der Zahlende invalid geworden ist oder aus anderen Gründen eine massive und dauerhafte Einkommenseinbusse nachweisen kann.

Aber kein Richter wird neue Verpflichtungen aus einer Ehe ohne Trauschein als Rechtsgrund zur Herabsetzung von Unterhaltsbeiträgen an die Ex-Ehefrau anerkennen. Man darf natürlich nicht einseitig auf die Interessen des Pflichtigen abstellen, sondern muss auch diejenigen der Unterstützungsempfänger im Auge behalten. Und in diesem Zusammenhang ist anzumerken: Oft genug sind Kinder oder/und geschiedene oder getrennt lebende Frauen durch das Konkubinatsverhältnis von Vater oder Exmann in einem Ausmass geschädigt, das auch durch hohe Alimente kaum ausgeglichen werden kann.

Ausländer

Wenn Ausländer mit einem
schweizerischen Partner zusammenleben

Das in der Bundesverfassung garantierte Gleichheitsgebot gilt zwar theoretisch mit Ausnahme der politischen Rechte auch für Ausländer; in Tat und Wahrheit aber sind sie als Anwärter einer Ehe ohne Trauschein krass benachteiligt.

Wohl wird heute die Ehe ohne Trauschein toleriert, unabhängig davon, ob es sich um Ausländer oder um Schweizer handelt. Trotzdem bekommen Ausländer die längst überwunden geglaubten Vorurteile gegenüber der «wilden Ehe» ungebremst zu spüren. Verfügen sie nicht bereits über eine Aufenthalts- und Arbeitsbewilligung, so ist es ihnen verwehrt, in der Schweiz zusammen mit ihrer (ihrem) schweizerischen Geliebten zu leben. Dazu eine bezeichnende, an den Beobachter gerichtete Stellungnahme des Bundesamtes für Ausländerfragen:

«Das Fremdenpolizeirecht bildet einen Teil unserer Rechtsordnung; die sich stellenden Fragen müssen auch in diesem Rahmen gelöst werden. Danach ist bei der Zulassung des andern Partners grundsätzlich von der ehelichen Gemeinschaft im Sinne des heute geltenden Zivilgesetzbuches auszugehen. Unverheiratete Partner erhalten deshalb in der Regel keine Möglichkeit, sich über den bewilligungsfreien Aufenthalt hinaus in der Schweiz aufzuhalten.»

Im besten Fall gelten Gefährten mit einer «falschen» Staatsangehörigkeit als Besucher ihrer Schweizer Freunde. Wer nicht über Aufenthalts- und Arbeitsbewilligung verfügt, der bekommt spätestens nach dreimonatigem Aufenthalt die harte Hand der Fremdenpolizei zu spüren.

Fremdenpolizeilich spielt eine noch so tiefe menschliche Beziehung zu einer Person in der Schweiz keine Rolle. Der Zweck des Aufenthaltes ist nach dem erwähnten Vierteljahr offiziell beendigt. Überzieht ein zum Partner in die Schweiz gereister Ausländer diese Zeit, so riskiert er (oder sie) eine Verzeigung und wird wegen Verletzung fremdenpolizeilicher Vorschriften gebüsst, abgeschoben und oft noch mit einem auf bis zu drei Jahre befristeten Landesverweis belegt. Mit vergleichbaren Konsequenzen haben übrigens auch nichtverheiratete Lebensgefährten von Flüchtlingen zu rechnen. Ist ein in der Schweiz als Flüchtling aufgenommener Ausländer verheiratet, so steht einer Wohnsitznahme auch seiner Ehefrau in der Schweiz nichts entgegen. Lebt er dagegen «nur» mit einer Lebensgefährtin zusammen, so wird davon offiziell keine Kenntnis genommen. Sie erhält nicht automatisch den gleichen Rechtsstatus wie ihr Partner.

Fremdenpolizeilich erzwungene Eheschliessung – eine umstrittene Lösung

Die auch heute noch praktizierte Ablehnung des Konkubinats als legitimer Form des Zusammenlebens führt zu gar nicht erwünschten Konsequenzen: Weil die «wilde Ehe» nicht anerkannt wird, bleibt zwei Lebenspartnern, von denen der eine über keine Schweizer Aufenthaltsbewilligung verfügt, nichts anderes als die Heirat übrig. Jeder Familienpsychologe wird zwar mit Recht erklären, die drohende Ausweisung eines Partners stelle keine ausreichende Motivation für eine Eheschliessung dar, wenn man diese sonst gar nicht in Erwägung ziehen würde. Aber in zahllosen Fällen wird eben trotz solcher Bedenken geheiratet; denn nur auf diesem (Um-)Weg kann der ausländische Partner oder die Partnerin sofort eine Aufenthalts- und Arbeitsbewilligung ergattern. Fremdenpolizeiliche Gegenmassnahmen sind nur noch zu befürchten, wenn der ausländische Partner vorbestraft und damit «unerwünscht» ist.

Im gleichen Zusammenhang ist daran zu erinnern: Mit dem neuen Bürgerrechtsgesetz ist die alte Regelung, wonach Ausländerinnen mit der Heirat automatisch das Schweizer Bürgerrecht erwarben, dahingefallen. Ausländer und Ausländerinnen können erst nach fünfjähriger, in der Schweiz gelebter Ehe ein Gesuch um erleichterte Einbürgerung stellen.

Keine Menschenrechte für Konkubinatspartner?

Die fremdenpolizeilich verfügte Trennung zweier Lebenspartner mit gemeinsamem Nachwuchs ist unter dem Gesichtspunkt der Menschenrechte höchst problematisch und braucht nicht hingenommen zu werden.

Geradezu dramatisch wird die strenge Handhabung der fremdenpolizeilichen Bestimmungen dann, wenn ein Konkubinatspaar, dessen einer Teil Ausländer ist, gemeinsame Kinder hat. Auch das nämlich ist für die schweizerischen Instanzen noch kein Grund, um einem Ausländer oder

einer Ausländerin eine Aufenthaltsbewilligung zu erteilen. Es wird ihnen
also zugemutet, unser Land wieder zu verlassen, obschon der Partner
mit dem gemeinsamen Kind in der Schweiz lebt. Ein Beispiel:

▶ Die Ehe des Ernst K. wurde getrennt; seine Frau widersetzte sich
einer Scheidung. Seit 1990 lebte nun K. mit einer Ghanesin zusammen.
Obschon sie seit zweieinhalb Jahren einen gemeinsamen Sohn hatten,
verfügte die Fremdenpolizei des Kantons Solothurn die Ausweisung der
jungen Afrikanerin. Sie könne keinen Anspruch auf weiteren Aufenthalt
in der Schweiz erheben. Dass sie von einem Schweizer ein Kind habe,
falle fremdenpolizeirechtlich nicht ins Gewicht. In seinem Rekurs ans
Polizeidepartement berief sich Ernst K. vergeblich auf die Menschenrechtskonvention, die dem Individuum ein Recht auf Familienleben
garantiert. Der Polizeidirektor hielt ihm in seinem Entscheid entgegen,
ein Konkubinatsverhältnis falle auch dann nicht in den Schutzbereich
des Rechts auf Familienleben, wenn sich Nachwuchs eingestellt habe.
Denn es handle sich nicht um «eine rechtliche familiäre Beziehung». ◀

Noch wesentlich häufiger ist die umgekehrte Situation, nämlich dass
ein Ausländer, der in der Schweiz über keine reguläre Aufenthaltsbewilligung verfügt, mit einer Schweizerin ein Kind zeugt. Auch in solchen
Fällen wird generell die Abschiebung des Mannes angestrebt ohne Rücksicht darauf, dass er Vater eines schweizerischen Kindes ist.
    In all diesen Fällen ist das alte Vorurteil gegenüber dem Konkubinat
am Werk, das in früheren Jahren die Diskussion beherrschte: 1975 widersetzte sich das Eidgenössische Justiz- und Polizeidepartement der Einbürgerung eines Ungarnflüchtlings mit der einzigen Begründung, er lebe
im Konkubinat und verstosse damit «gegen die allgemeingültigen
Grundsätze von Moral und gegen die vom Staat zum Schutze der Familie
aufgestellten Regeln». Es bestünden deshalb «berechtigte Zweifel an
seiner Eignung zu einem guten Schweizer».
    Im übrigen hat bisher in diesen Fragen auch die Europäische Men-
schenrechtskonvention (EMRK) keine Fortschritte im Sinn einer Anerkennung der eheähnlichen Partnerschaft gebracht. Wohl garantiert der
zentrale Artikel 8 der EMRK die «Achtung des Familienlebens». Aber
bisher ist offengeblieben, ob auch zwei nicht verheiratete Partner (mit
oder ohne gemeinsame Kinder) eine von der Kommission erfasste Familie darstellen können. Den Mitgliedstaaten steht bei der Anwendung der
Familienschutzbestimmungen ein grosser Beurteilungsspielraum zu, so

dass die restriktive schweizerische Praxis (keine Anerkennung des Konkubinats als Familiengemeinschaft) bisher noch nicht mit Erfolg angefochten werden konnte. Im übrigen sind im Schoss der Menschenrechtskommission von Strassburg vorläufig erst zwei konkrete Varianten beurteilt worden: Einerseits wurde die Verbindung eines verheirateten Mannes mit einer anderen Frau, obschon sie zusammen ein Kind hatten, nicht als Familie anerkannt. Anderseits aber – und hierin liegt eine gewisse Inkonsequenz – steht die Beziehung zwischen einem Vater und seinen minderjährigen nichtehelichen Kindern unter dem Schutz eben des umstrittenen Artikels 8 EMRK.

Diese Unsicherheiten machen deutlich: Konkubinatspaare, die beispielsweise eine drohende Ausweisung oder die Verweigerung der Aufenthaltsbewilligung gegenüber dem ausländischen Partner anfechten möchten, werden vorläufig mit gutem Grund zögern, den mühsamen «Marsch durch die (Rechts-)Institutionen» unter die Füsse zu nehmen. Sie können sich dabei zwar auf die von Artikel 8 EMRK ebenfalls geschützte Achtung des Privatlebens berufen. Aber vorläufig erscheint ein Misserfolg solcher Verfahren noch wahrscheinlicher als ein Sieg.

Kinder

Kinder im Konkubinat:
Motiv zur Legalisierung

Das Konkubinat ist häufig eine «Probe-Ehe». Kündigt sich Nachwuchs an, so ist das meist ein Signal, den Trauschein doch noch zu erwerben.

Dieser gängige Mechanismus muss jedoch nicht für alle Zeiten spielen. Vielmehr zeichnet sich bereits eine Entwicklung ab, in der die «Muss-Ehe» an Bedeutung verliert und das Konkubinat auch bei Kindersegen beibehalten wird. Anhaltspunkte für den Trend der Zeit ergeben sich vor allem im internationalen Quervergleich, den nachstehende Tabelle vermittelt.

Aus4			

Ausilia Geburten in der Schweiz und ihren Nachbarstaaten
Ausereheliche Lebendgeburten in Prozent aller Lebendgeburten

	1970	1980	1990
Deutschland (BRD)	5,5	7,6	10,5
Frankreich	6,4	11,4	30,1
Italien	2,2	4,3	6,3
Österreich	12,8	17,8	23,6
Schweiz	3,8	4,7	6,1

Die Entwicklung in Schweden und Dänemark verläuft noch dramatischer: In diesen Staaten wird demnächst jede zweite Geburt ausserehelich erfolgen. Dagegen präsentieren sich die Zahlen aus der Schweiz noch relativ stabil. François Höpflinger vom Soziologischen Institut der Universität Zürich schreibt dazu aufgrund der auf Seite 13 besprochenen Untersuchung im Raum Zürich: «Gut 80 Prozent der jungen Zürcher Frauen finden es besser, zu heiraten, wenn Kinder gewünscht werden. Ehe und Kinderhaben sind noch eng verknüpft. Es ist allerdings nicht auszuschliessen, dass inskünftig die Geburt eines Kindes für zunehmend mehr junge Paare kein genügender Grund sein wird, eine Beziehung zu legalisieren. Dass, wie in Schweden beobachtet, 40 Prozent der jungen Frauen in einer nicht ehelichen Gemeinschaft leben und 45 Prozent der Kinder von ledigen Müttern geboren werden, ist künftig auch in der Schweiz denkbar. Vorläufig bleibt allerdings die Ehe auch bei der jüngsten Frauengeneration eine normativ bestimmende Lebensform, selbst wenn die Abwertung der Institution ‹Ehe› unverkennbar ist.»

Wer erhält die elterliche Gewalt?

Seit der Schaffung des neuen Kindesrechts erhält automatisch die Mutter eines unehelich geborenen Kindes die elterliche Gewalt. Der mit ihr zusammenlebende Vater hat das Nachsehen.

Ob unehelich oder ausserehelich geboren: Der neue Erdenbürger ist im Gegensatz zur früheren Regelung jetzt dem ehelichen Kind erbrechtlich gleichgestellt, wohlverstanden gleichgestellt nicht nur gegenüber der Mutter, sondern auch gegenüber dem mit dieser nicht verheirateten Vater. Zwei ohne Trauschein zusammenlebende Gefährten müssen also nicht mehr heiraten, um ein gemeinsames Kind in die normale gesetzliche Erbfolge treten zu lassen.

Allerdings erhalten bei der Geburt eines Kindes aus einem Konkubinatsverhältnis nicht beide Elternteile die elterliche Gewalt. Diese wird vielmehr ausschliesslich der Mutter übertragen; sie hat also das gesetzliche Recht (und auch die Pflicht), die notwendigen Entscheidungen für das Kind zu treffen, es insbesondere zu erziehen, zu vertreten, sein Vermögen zu verwalten und seinen Aufenthaltsort zu bestimmen. Das Kind erhält auch ihren Namen und ihr Bürgerrecht.

Kann eine Beistandschaft umgangen werden?
Kommt ein Erdenbürger unehelich zur Welt, so schreibt das Gesetz zu seinem Schutz die Errichtung einer Beistandschaft vor.

Die Vormundschaftsbehörde kann auf diese Massnahme verzichten, wenn entweder die Mutter nachweisbar ohne Schwierigkeiten für den gesamten Unterhalt ihres Kindes aufzukommen vermag oder wenn der Vater des gemeinsamen Kindes es anerkennt und sich schriftlich zu einem betragsmässig festgelegten und ausreichenden Unterhaltsbeitrag verpflichtet. Das Bundesgericht hat dies in einem den Kanton Zürich betreffenden Fall am 21. Februar 1985 (Pra 85, Nr. 153) ausdrücklich abgesegnet. Es hielt gleichzeitig fest, ein allfälliger Obhutsvertrag zwischen der Mutter und dem Vater des Kindes bedürfe keiner behördlichen Genehmigung. Hingegen bedürfe der schriftliche Unterhaltsvertrag der Zustimmung der Vormundschaftsbehörde. Dass im übrigen eine Beistandschaft sehr zurückhaltend ausgeübt werden soll, hielt das Gericht mit eindrücklichen Bemerkungen fest: «Solange das Kindeswohl nicht gefährdet ist, hat die Vormundschaftsbehörde nicht einzuschreiten.»

Wie wird die Vaterschaft legalisiert?

Je nach Bedürfnis und Lebensplan der unverheirateten Lebensgefährten, denen sich Nachwuchs ankündigt, gibt es verschiedene Lösungen. Wo ein zukünftiger Vater sich nach der Geburt vorbehaltlos mit seinem Kind identifizieren will, empfiehlt es sich, eine Anerkennungserklärung beim Zivilstandsamt des Wohnortes abzugeben, und zwar bereits vor der Geburt des Kindes. Damit kann die Rechtsstellung des ungeborenen Erdenbürgers für den Fall, dass dem Vater etwas zustossen sollte, abgesichert werden. Ein solcher Schritt wird auch für die Mutter des Kindes eine moralische Unterstützung in ihrer Situation bedeuten.

Mit der Anerkennung entsteht das Kindesverhältnis zwischen Vater und Kind. Es unterscheidet sich von demjenigen eines mit der Mutter verheirateten Vaters freilich noch in einigen Punkten. Nach wie vor steht die elterliche Gewalt ausschliesslich der Mutter zu; und das Kind trägt, wenn nicht eine Namensänderung erwirkt wird, den Familiennamen der Mutter und im übrigen auch deren Bürgerrecht. Andere Unterscheidungen gibt es seit der Einführung des neuen Kindesrechts vor fünfzehn Jahren nicht mehr.

Sonderfall bei geschiedenen Frauen

Schwierig kann sich die Situation für das Konkubinatspaar dann gestalten, wenn das gemeinsame Kind noch während der Ehe der Mutter mit einem anderen Mann oder vor Ablauf von 300 Tagen seit Auflösung ihrer Ehe zur Welt kommt. Dann gilt nämlich die gesetzliche Vermutung, dass der Ehemann oder der geschiedene Ehemann der Vater des Kindes sei. Der eigentliche Vater kann in diesem Fall das Kind beim Zivilstandsamt nicht rechtsgültig anerkennen. Denn zuerst muss die von Gesetzes wegen entstandene Vaterschaft des (geschiedenen) Mannes der Kindsmutter gerichtlich beseitigt werden.

Unter solchen Umständen ist eine möglichst einvernehmliche Regelung mit dem Exmann dringend erwünscht. Denn nur dieser kann beim Richter eine Klage auf Anfechtung des Kindesverhältnisses einreichen. Zeigt er sich nicht kooperativ, so kann das Kind selbst, vertreten von einem durch die Vormundschaftsbehörde eingesetzten Beistand, beim Gericht auf Anfechtung der Vaterschaft klagen. Nur ein streitsüchtiger, nachträgerischer Exgatte wird es darauf ankommen lassen; denn an sich ist er natürlich daran interessiert, dass die von Gesetzes wegen auf ihn lautende Vaterschaft (und die damit verbundene Unterhaltspflicht) beseitigt und auf den tatsächlichen Erzeuger übertragen wird.

Was geschieht mit Kindern nach Auflösung des Konkubinats?

Kinder aus einem zerbrochenen Konkubinatsverhältnis können genauso zwischen beiden Elternteilen hin- und hergerissen sein wie Kinder nach einer Scheidung.

Besonders wenn die Eltern den Kampf um Unterstützungsbeiträge, Besuchsrecht usw. mit grosser Verbissenheit führen, fügen sie ihren Kindern bleibenden Schaden zu. Ein zentraler Entscheid des Zuger Regierungsrats (GVP Zug 1987/88 281) zeigt dies besonders deutlich:

▶ M. war nach ihrer Geburt vom Vater mit Standesfolge anerkannt worden. Doch dann zerstritten sich ihre Eltern hoffnungslos und gaben ihre Heiratspläne endgültig auf. Als es darum ging, beim anschliessenden Streit um das Besuchsrecht das Beste für das Kind zu finden, geriet M. in die Mühle von Schule, Sozialdienst und psychiatrischer Abklärung. Die Expertise ergab, dass das Mädchen weder gewillt noch fähig war, sich für den einen oder anderen Elternteil zu entscheiden. ◀

Der Entscheid des Regierungsrats zeigt die gefährdete Situation des Kindes eindrücklich: «Im Zusammenhang mit der kinderpsychiatrischen Untersuchung hält die Gutachterin insbesondere folgendes fest: Aus dem Gespräch mit M. sei deutlich erkennbar, in welchen psychischen Nöten sie sich während der Beziehungskrise ihrer Eltern befunden habe und sich immer noch befinde, da nun nach der Trennung der Eltern neue Probleme für sie aufgetaucht seien. Sie habe zu beiden Eltern eine innige Beziehung, fange aber an, diese etwas kritischer zu beurteilen.»
Entsprechend dem Antrag der Psychiaterin wurde eine Mittellösung zwischen den extremen Vorstellungen von Vater und Mutter gewählt; der Vater erhielt gemäss Artikel 273 ZGB ein angemessenes Besuchsrecht. Ob der Kompromiss für das Kind zu einigermassen akzeptablen

Ergebnissen führte, muss offenbleiben. Fest steht, dass es ihm – wie auch allen Scheidungskindern – viel geholfen hätte, wenn die Eltern eine gütliche Lösung hätten finden können.

Kann ein Kind den Namen seines Vaters annehmen?

Konkubinatskinder tragen den Namen ihrer Mutter. Wenn wichtige Gründe vorliegen, kann jedoch mit guten Erfolgsaussichten ein Namensänderungsgesuch eingereicht werden.

Unehelichkeit ist heute – zumindest nach dem Buchstaben des Gesetzes – kein Makel mehr. Dennoch gibt es vor allem in ländlichen Gebieten immer noch Vorurteile gegenüber nichtehelich geborenen Kindern. Für traditionell denkende Konkubinatspaare kann es daher ein Anliegen sein, ihren gemeinsamen Kindern den väterlichen Namen zu geben.

Das sicherste und einfachste Mittel wäre hier selbstverständlich die Eheschliessung. Sie kommt aber oft als Lösung nicht in Frage, insbesondere natürlich dann nicht, wenn einer der Partner nicht oder noch nicht geschieden ist. In all diesen Fällen drängt sich eine Namensänderung auf. Das Bundesgericht hat verschiedene solche Gesuche behandelt. Nachstehend werden die wichtigsten Entscheide zusammengefasst; sie können es unverheirateten Eltern erleichtern, die Chancen eines Namensänderungsgesuchs in ihrem Fall zu beurteilen.

Vaters Name für vier Kinder

Weil das Bundesgericht in früheren Entscheiden strengste Massstäbe an die Zulassung einer Namensänderung gelegt hatte, versuchten bis vor kurzem die Kantone die Namensänderungsgesuche von Konkubinatskindern vorschnell abzuwimmeln. Erst vor Bundesgericht konnte jeweils ein den Interessen des Kindes gerecht werdender Entscheid bewirkt werden. Der erste Fall:

▶ Der 1914 geborene Emil Y. verheiratete sich 24jährig und wurde Vater dreier Kinder. Die Ehe existierte wenige Jahre nach der Geburt des jüngsten Kindes nur noch auf dem Papier und wurde 1962 gerichtlich getrennt. Seit 1952 lebte der Mann mit einer 18 Jahre jüngeren Gefährtin zusammen, die ihm zwischen 1952 und 1964 vier Kinder schenkte. Die Kinder trugen den Namen der Mutter, die den Emil Y. nicht heiraten konnte, da seine erste Ehe noch nicht geschieden war. Der Vater reichte beim damals zuständigen Staatsrat des Kantons Freiburg für seine vier Kinder ein Namensänderungsgesuch ein, das zunächst abgelehnt wurde. ◀

Der Staatsrat argumentierte nicht zuletzt mit dem Hinweis, die Verbindung der beiden nichtverheirateten Eltern könne von einem Tag auf den andern aufgelöst werden. Es sei absolut unangebracht, einem unehelichen Kind zu gestatten, den Namen seines «ehebrecherischen Vaters zu tragen, wenn dieser noch eigene eheliche Kinder» habe.

Dieser Beurteilung ist das Bundesgericht in seinem schon 1970 gefällten Entscheid mit erstaunlicher Entschiedenheit entgegengetreten (BGE 96 I 425). Wörtlich: «Wenn die Namensänderung nicht zugelassen wird, so wären die vier Kinder unweigerlich gezwungen, ihre uneheliche Geburt gegenüber einem breiten Kreis zu enthüllen; sie würden den sozialen Unannehmlichkeiten ausgesetzt, die noch heute die Lebensbedingungen eines unehelichen Kindes bestimmen. Die Kinder können zwar ihren unehelichen Status nicht ändern, aber man kann unter keinen Umständen davon ausgehen, dass das Gesetz eine Namensänderung unzulässig erscheinen liesse, mit der ihnen zum mindesten der Schein einer für sie günstigeren Situation gewahrt werden kann. Die gegenteilige Meinung der Vorinstanz kann sich nur auf den Willen stützen, das Verhalten der Eltern zu bestrafen. In Tat und Wahrheit aber wären es die – unschuldigen – Kinder, die in erster Linie davon betroffen wären. Das ist schlechterdings nicht zulässig.»

Ein Urteil zugunsten von Roman

▶   Neun Jahre später wollte der Regierungsrat des Kantons Thurgau die auf die Kindesinteressen ausgerichtete bundesgerichtliche Praxis noch nicht anerkennen. Es ging um Monika H., eine geschiedene Frau, die mit einem noch verheirateten, aber kinderlosen Mann zusammenlebte und von diesem 1975 einen Sohn Roman hatte. Drei Jahre nach dessen Geburt stellten die Eltern das Gesuch, es sei ihrem gemeinsamen Sohn die Führung des Namens seines Vaters zu gestatten. ◀

Dazu äusserten sich die Richter in Lausanne in einem Urteil vom 25. Oktober 1979 (BGE 105 II 247) wie folgt: «Im vorliegenden Fall wird das Kind im Haushalt seiner Eltern aufgezogen, die miteinander im

Hanna Stauffer
Seestrasse 15
8002 Zürich

                    Direktion des Innern
                    Abteilung Zivilstandswesen
                    Kaspar Escher-Haus
                    8001 Zürich

                    Zürich, 1. Mai 1993

Namensänderungsgesuch für Maja Stauffer, geb. 2.3.1988

Sehr geehrte Damen und Herren

Ich bitte Sie, meiner Tochter Maja, die meinen Namen
trägt, die Führung des Namens ihres Vaters Karl Obrist
zu erlauben, mit dem ich seit Januar 1986 in eheähnlicher Gemeinschaft zusammenlebe.

Karl Obrist und ich lernten uns 1984 kennen und entschlossen uns 1986, eine gemeinsame Wohnung zu nehmen,
weil uns klar war, dass wir unsere Zukunft zusammen
verbringen wollen. Unsere Tochter ist ein Wunschkind;
ihr Vater hat sie immer als sein Kind anerkannt. Seit
Maja auf der Welt ist, kümmere ich mich um den Haushalt; ihr Vater kommt für unseren Lebensunterhalt auf.

Zur Begründung meines Gesuchs berufe ich mich - abgesehen von den beschriebenen familiären Umständen - auf
die Praxis des Bundesgerichts, wie sie in den Entscheiden BGE 96 I 425, BGE 105 II 241 und BGE 105 II 247
festgehalten ist. Die Tatsache, dass Maja im Herbst in
den Kindergarten eintreten wird, dass meine Verbindung
zum Vater schon neun Jahre dauert, dass dieser für die
Familie aufkommt und alles für die Fortsetzung unseres
Zusammenlebens spricht, ist zweifellos als "wichtiger
Grund" im Sinn von Artikel 30 ZGB zu betrachten.

Als Inhaberin der elterlichen Gewalt ersuche ich Sie
deshalb, das Namensänderungsgesuch zu bewilligen.

                    Mit freundlichen Grüssen

                    Hanna Stauffer

Namensänderungsgesuch für das Kind eines Konkubinatspaares (Begründung anhand der eigenen persönlichen Verhältnisse)

Konkubinat leben. Der Vater hat es anerkannt und sorgt für es, indem er für die Bedürfnisse dieses Haushaltes aufkommt. Roman X hat somit die gleiche Stellung wie ein Pflegekind, dem es nach der Rechtsprechung gestattet ist, den Namen seines Pflegevaters anzunehmen ... Im übrigen ... würde die Öffentlichkeit dadurch, dass Vater und Sohn nicht den gleichen Namen tragen, ständig auf die illegitime Abstammung des Kindes aufmerksam gemacht, die noch heute, obwohl das neue Kindesrecht das eheliche und das aussereheliche Kindesverhältnis grundsätzlich gleichgestellt hat, in weiten Kreisen als gesellschaftlicher Makel betrachtet wird. Dieser Makel, den der Gesuchsteller [das vierjährige Kind] nicht zu vertreten hat, kann durch die beantragte Namensänderung wenn nicht beseitigt, so doch in seinen Auswirkungen gemildert werden.»

Ein Urteil zugunsten von Pascal
Nicht weniger aufschlussreich ist ein dritter Fall, den das Bundesgericht ebenfalls am 25. Oktober 1979 (BGE 105 II 241) zu entscheiden hatte.

▶ Erika D., seit 1970 verwitwet, übte die elterliche Gewalt über ihre drei zwischen 1960 und 1969 geborenen Kinder aus. 1978 gebar sie dem Urs U., mit dem sie schon lange zusammenlebte, den Sohn Pascal, für den ihr die elterliche Gewalt übertragen wurde. Einer Heirat standen

```
Karl Obrist
Seestrasse 15
8002 Zürich


Namensänderungsgesuch für Maja Stauffer


Ich schliesse mich dem im Namen meiner Tochter Maja von
der Mutter, Frau Hanna Stauffer, eingereichten Gesuch
an und beantrage, dass dem Kind das Führen meines Fami-
liennamens gestattet wird.

Zürich, 1. Mai 1993

            K. Obrist

Beilagen:
Geburtsschein
Wohnsitzbescheinigung
```

Beilage des Vaters zum Namensänderungsgesuch

finanzielle Interessen entgegen: Erika D. hätte ihre Witwenrente verloren, was besonders problematisch gewesen wäre, weil ihr Gefährte, der Vater ihres vierten Kindes, an einer schweren Furunkulose litt, die immer wieder zu Einkommenseinbussen führte. Das hinderte freilich den Staatsrat des Kantons Neuenburg nicht daran, das Namensänderungsgesuch des noch nicht zweijährigen Pascal abzulehnen. Es sei ja den Eltern, so die Neuenburger Regierung, unbenommen, eine Ehe einzugehen und ihrem Sohn auf diese Weise zum angestrebten Ziel zu verhelfen. ◄

Auch hier griff das Bundesgericht korrigierend ein. Es treffe zwar zu, dass nur «wichtige Gründe» eine Namensänderung rechtfertigten. Bei einem so jungen Gesuchsteller wie bei Pascal sei indessen das öffentliche Interesse an der Aufrechterhaltung eines einmal angenommenen Namens gering. Man könne deshalb den Fall mit grösserer Flexibilität beurteilen. Das Bundesgericht hielt dann richtigerweise fest, die zivilrechtliche Regelung, wonach ein uneheliches Kind automatisch den Namen der Mutter trage, gehe davon aus, dass ein ausser- oder unehelich geborenes Kind normalerweise bei der Mutter lebe, zu der es stärkere Beziehungen als zum Vater unterhalte. Wenn aber eine eheähnliche Gemeinschaft vorliege, so dränge sich die Variante mit der Namensänderung auf, dies jedenfalls unter der Voraussetzung einer dauerhaften Bindung. Wörtlich: «Es hiesse die Wirklichkeit verleugnen, wenn man wegen des juristisch prekären Charakters des Konkubinats davon ausgehen würde, dass hier grundsätzlich eine solide Bindung fehle und dass man deshalb grundsätzlich das Vorliegen wichtiger Gründe zur Namensänderung bestreiten könne. Die Stabilität der affektiven Bindung, welche die Lebensgefährten unter sich und den Vater ans Kind binden, ist eine notwendige Bedingung der Namensänderung, die von Fall zu Fall überprüft werden muss.»

In Fällen wie den hier geschilderten bleiben gewisse Unstimmigkeiten bestehen: Inhaberin der elterlichen Gewalt ist ausschliesslich die Mutter; der Vater hat, selbst wenn das gemeinsame Kind seinen Namen annimmt, rechtlich gesehen keinen Einfluss auf dessen Bildungsgang. Nicht einmal mit einer Adoption liesse sich eine Korrektur erzwingen; denn die Möglichkeit, gemeinschaftlich ein Kind zu adoptieren, ist ausschliesslich Ehegatten vorbehalten. Aber in der Praxis wird das von untergeordneter Bedeutung sein, wenn die Partnerschaft der Eltern gut funktioniert. Bricht sie auseinander, können sich allerdings erneut Schwierigkeiten einstellen: Dann müsste, da ja das Kind normalerweise bei der Mutter bleibt, mit einem neuen Namensänderungsgesuch dafür gesorgt werden, dass es wieder gleich wie diese heisst. Ob ein solcher Namensänderungszickzack den Segen der zuständigen Behörden finden würde, muss offen bleiben.

Keine Namensänderung nach dem Tod des Vaters

Man sieht: Die Justiz gesteht grosszügig Namensänderungen zu, damit Kinder unverheirateter Paare den Namen des Vaters tragen können, allerdings nur zu Lebzeiten des Vaters. Am 23. August 1989 (BGE 115 II 306, PRA 1/90) hatte das Bundesgericht einen bezeichnenden Fall zu beurteilen:

▶ Im März 1988 kam ein 26jähriger Mann bei einem Verkehrsunfall ums Leben. Er hatte während fünf Jahren mit seiner Freundin im Konkubinat gelebt und den am 16. Februar 1987 geborenen gemeinsamen Sohn anerkannt. Nach seinem Tod nun wollte die Gefährtin für sich und ihren François eine Namensänderung durchsetzen. Es sei ihr «innigster Wunsch, den Namen ihres verstorbenen zukünftigen Ehemannes zu tragen; der Namenswechsel sei auch für das innere Gleichgewicht des Kindes wichtig und könne eine psychologische Bindung an seinen Vater bewirken». ◀

Das Bundesgericht lehnte das Begehren ab und schützte damit den vorausgegangenen Entscheid des Genfer Staatsrates. Aus dem Urteil: «Die vorgetragenen Argumente sind zum Teil zweischneidig, weil sich das Kind eines Tages fragen könnte, aus welchen Gründen seine Eltern – beide ledig und keineswegs gehindert zu heiraten – die freie Bindung bevorzugten und warum sein Vater nichts unternommen hat, trotz des mehr als fünf Jahre dauernden Konkubinats, eine Namensänderung des Sohnes zu erwirken, und warum diese Namensänderung erst nach dem Tod des Vaters allein von der Mutter beantragt worden ist.» Zur Begründung seines Entscheides stützte sich das Bundesgericht auf Artikel 270 des Zivilgesetzbuches, der sicherstellen soll, dass nach der Auflösung eines Konkubinats das bei seiner Mutter lebende Kind den gleichen Namen trägt wie sie.

Kein Vatername bei getrennter Wohnung

Das sonst für Namensänderungen aufgeschlossene Bundesgericht hat auch in einem anderen Fall die Bremse gezogen. Da ging es um das Gesuch eines unverheirateten Paares, es sei den beiden Kindern die Führung des Namens des Vaters zu gestatten. In Übereinstimmung mit Polizeidirektion und Regierungsrat des Kantons Bern wiesen die obersten Richter das Gesuch ab (Urteil 5C15-1991 vom 4. 6. 1991). Es scheiterte an der Tatsache, dass die unverheirateten Eltern nicht in einer gemeinsamen Wohnung familienartig zusammenlebten. Ihr Einwand, sie würden abwechslungsweise in der Wohnung von Vater oder Mutter leben, blieb ungehört. Auch der Umstand, dass nach einer neuen Bestimmung des Eherechts Eheleute zwei eheliche Wohnungen haben können, vermochte keinen Stimmungswandel des Bundesgerichts zu bewirken. Es handle sich bei zwei getrennten Wohnsitzen um Ausnahmen, die im vorliegenden Fall für die Beurteilung des Familiencharakters der Beziehungen dieses unverheirateten Paares und seiner Kinder nicht massgebend seien. Die Umbenennung von Kindern nach ihrem ausserehelichen Vater setze entweder ein entsprechendes Familienleben voraus oder aber engere Beziehungen der Kinder zum Vater als zur Mutter.

Im Wissen um eine solche Argumentation werden inskünftig Konkubinatspartner in vergleichbarer Lage einen gemeinsamen zivilrechtlichen Wohnsitz begründen und die zweite Wohnung als Bleibe für Wochenaufenthalter oder Wochenaufenthalterin deklarieren.

Manifest gegen Namensslalom

Unsinnigen Namensänderungsgesuchen wird mit Recht nicht Folge gegeben. So hat es der Zuger Regierungsrat (Gerichts- und Verwaltungspraxis 1989/90, Seite 192) abgelehnt, einer im Konkubinat lebenden Frau und ihrer Tochter aus der geschiedenen Ehe die Namensänderung zuzugestehen. Der Gesuchstellerin war bereits bei der Scheidung das weitere Führen des Namens ihres geschiedenen Ehemanns gestattet worden. Nun wollte sie den Namenszirkus erneut in Gang setzen und ihren Mädchennamen annehmen. Gleichzeitig deutete sie an, möglicherweise werde sie ihren Konkubinatspartner ehelichen. Da auch die Interessen eines Kindes aus dem Konkubinatsverhältnis eine Rolle spielten, wäre nach Auffassung der Zuger Regierung ein Namensänderungsslalom gestartet worden, der «gegen das Prinzip der Namenseinheit der Familie verstossen würde». Mutter und Tochter mussten sich damit abfinden, weiterhin den Namen des Exmanns zu führen.

Stiefkinder in einer Ehe ohne Trauschein

Wenn ein Partner ein Kind aus einer früheren Verbindung in ein Konkubi-natsverhältnis mitbringt, können sich eigentliche Stiefkindertragödien ergeben.

Kinder aus einer anderen Verbindung sind von verschiedensten Seiten bedroht. Sind sie im Anschluss an eine Kampfscheidung der Mutter zugesprochen worden, die zu ihrem Freund zieht, kann der zu Alimenten verpflichtete Kindesvater versucht sein, den Kleinkrieg gegen seine Exfrau fortzusetzen, indem er seiner Unterhaltspflicht nicht oder nur schleppend nachkommt. Der Freund der Mutter hat dann zusätzliche finanzielle Leistungen zu erbringen, was einem guten Einvernehmen mit den Kindern seiner Gefährtin nicht eben förderlich ist. Diese ihrer-seits wird die Kinder unter Umständen aus (falscher) Rücksicht auf ihren Freund vernachlässigen.

Man kann sich vorstellen, mit welch interessierter Aufmerksamkeit ein Exmann und unterstützungspflichtiger Vater solche Entwicklungen verfolgen wird. Stösst er auf wirkliche oder auch bloss vermeintliche Erziehungsmängel, so kann er bei der Vormundschaftsbehörde interve-nieren oder eine Änderung des Scheidungsurteils bezüglich der Zutei-lung der elterlichen Gewalt verlangen. Sind die Klagen berechtigt, so muss eine mit ihrem Freund zusammenlebende Mutter mit der Umplazie-rung der Kinder, im schlimmsten Fall mit dem Entzug der elterlichen Gewalt, rechnen.

Eindrücklicher als die theoretische Erörterung dieser Problematik ist ein Blick auf die traurige Wirklichkeit in einem konkreten Fall; dargestellt in einem Agenturbericht aus der Tagespresse vom 16. November 1982: «Ein drei Jahre altes Kind ist in Buchs SG vom Freund seiner Mutter brutal misshandelt worden. Wie die Kantonspolizei St. Gallen mitteilte, musste das Kind mit Prellungen und Halsverbrennungen in das Spital Grabs SG eingeliefert werden. Der Mann schlug das wehrlose Opfer und duschte es mit 60 bis 80 Grad heissem Wasser. In diesem Zustand wurde das Kind während Stunden allein zu Hause im Bett gelassen. Als die Mutter von der Arbeit zurückkehrte, verbrachte sie das Kind sofort ins Spital. Der für die Misshandlung verantwortliche Mann befindet sich in Untersuchungshaft.»

Im vorliegenden Fall hat die Mutter absolut korrekt gehandelt. Hätte sie aus Angst oder um den Freund zu schützen geschwiegen, wäre sie

möglicherweise als Mittäterin ins Strafverfahren einbezogen worden.
Kindesmisshandlung nach Artikel 134 StGB ist nicht nur ein Antragsdelikt, sondern wird von Amtes wegen verfolgt. Im übrigen hat der
Richter jeweils auch die vormundschaftlichen Behörden zu benachrichtigen, damit die zum Schutz des Kindes geeigneten Vorkehren getroffen
werden.

Bahnen sich derartige Komplikationen an, so muss gehandelt werden.
Oft kann der Konflikt nicht mehr nur im Gespräch der beiden Lebensgefährten unter vier Augen bewältigt werden. Vielmehr sollten sie, um
der sich anbahnenden Katastrophe zuvorzukommen, geeignete aussenstehende Beratungsstellen, Fürsorger usw. (siehe Liste im Anhang, Seite
161) einschalten.

Kann man die Kinder von Freund oder Freundin aus früherer Ehe adoptieren?

Auch hier werden – einmal mehr – die Ehepaare eindeutig bevorzugt.
Nach Artikel 264a ZGB können Ehegatten gemeinschaftlich adoptieren;
aber «anderen Personen ist die gemeinschaftliche Adoption nicht gestattet». Wegen dieser zwingenden Bestimmung wäre die Adoption eines
Kindes durch den Konkubinatspartner nur unter absurden Voraussetzungen denkbar: Die Kindsmutter oder der Kindsvater mit elterlicher Gewalt
über das eigene Kind müsste der Adoption zustimmen und würde damit
sämtliche Rechte (und Pflichten) gegenüber dem leiblichen Nachwuchs
verlieren. Ausserdem bedürfte es der ausdrücklichen Zustimmung des
andern leiblichen Elternteils, sofern er noch lebt. Nach erfolgter Adoption stünde die elterliche Gewalt allein dem Konkubinatspartner, aber
nicht mehr der leiblichen Mutter oder dem Vater zu. Solche «Lösungen»
werden nur unter aussergewöhnlichen Verhältnissen diskutiert werden,
etwa dann, wenn der Partner, der Kinder in die Konkubinatsverbindung
gebracht hat, stirbt und sich eine Adoption durch den überlebenden
Gefährten im Kindsinteresse rechtfertigt oder gar aufdrängt.

Gibt es für Konkubinatsfamilien Transportvergünstigungen?

Die Schweizerischen Bundesbahnen haben ihre familienfreundliche Tarifpolitik auch auf die nichteheliche Gemeinschaft ausgedehnt.

Wer die gleiche Wohnadresse nachweist, sei es durch Vorlage des Mietvertrages, einer Erklärung des Vermieters oder einer Bestätigung der Gemeindekanzlei, der kann kostenlos eine Familienkarte beziehen. Sie berechtigt, auch wenn nur ein Elternteil mitreist, zur Gratisfahrt von Kindern bis zu 16 Jahren. Ältere Minderjährige haben nur den halben Preis zu bezahlen. Die Vergünstigungen schlagen sich nieder im Familienbillet, aber auch in der den Ehepaaren gewährten Ermässigung für das zweite Generalabonnement. Diese Vergünstigungen gelten auch für die Privatbahnen, für Reisepost und Schiff.

Konkubinat und künstliche Befruchtung

Die seit einigen Jahren immer heftiger diskutierte Frage der künstlichen Befruchtung illustriert in besonderer Weise die nach wie vor prekäre Situation des unverheirateten Paares.

Auf eidgenössischer Ebene ist die künstliche Befruchtung vorläufig noch nicht gesetzlich geregelt: Dem vom Beobachter formulierten Verfassungstext stellte der Bundesrat einen Gegenentwurf gegenüber, der von den eidgenössischen Räten noch nicht behandelt ist. Bis die künstliche Befruchtung in der Verfassung rechtskräftig geregelt ist, werden vermutlich noch mindestens zwei bis drei Jahre verstreichen. Einzelne Kantone haben deshalb versucht, die bestehenden Ungewissheiten, Unsicherheiten und Gefahren durch eigene Regelungen in den Griff zu bekommen.

Am weitesten wagte sich als Gesetzgeber der Grosse Rat des Kantons St. Gallen vor. Wegen der einschränkenden Bestimmungen – zum Beispiel Verbot der Verwendung von Samen anonymer Spender, Verbot der künstlichen Befruchtung für nichtverheiratete Paare, Verbot der wissenschaftlichen Forschung mit Keimzellen – wurde das Bundesgericht angerufen, das am 15. März 1989 in einem ungewöhnlich ausführlichen

Urteil Stellung nahm. Aufschlussreich sind jene Passagen des Entscheids, die sich mit der Frage befassen, ob unverheirateten Partnern untersagt werden könne, auf dem Weg über die künstliche Befruchtung Nachwuchs zu erhalten.

Das Bundesgericht hat sich in diesem Punkt von alten patriarchalischen Vorurteilen gegenüber dem Konkubinat leiten lassen. Nur verheirateten Paaren wird die heterologe Insemination zugestanden; das heisst, dass für die Befruchtung der Ehefrau Samen eines anonymen Spenders Verwendung finden dürfen, dass aber die gleiche Methode bei einer nicht verheirateten Frau trotz stabiler Partnerschaft mit ihrem Freund unzulässig ist. Es könne, so wörtlich die Richter in Lausanne, «unter dem Gesichtswinkel des Kindeswohles und damit aus öffentlichem Interesse gerechtfertigt sein, die Zahl der Kinder, die keinen rechtlichen Vater haben, nicht zu vergrössern und damit die heterologe Insemination auf verheiratete Paare zu beschränken. Die damit verbundene Einschränkung der persönlichen Freiheit der Wunschmutter und die Privilegierung der Ehe kann sich bei dieser Lage als verhältnismässig erweisen.»

Im gleichen Urteil wird allerdings erklärt, der Wunsch nach Kindern stelle «eine elementare Erscheinung der Persönlichkeitsentfaltung dar»; für viele Menschen bedeute es «eine zentrale Sinngebung ihres Lebens, Kinder aufzuziehen». Und dann weiter wörtlich: «Dieser aufgrund der persönlichen Freiheit verfassungsrechtlich geschützte Kinderwunsch kann sich nicht nur bei Wuscheltern zeigen, welche in einer bestimmten Situation und in einem gewissen Zeitpunkt moderne Methoden der Fortpflanzungsmedizin in Anspruch nehmen möchten. Es ist ebenso denkbar, dass ein fester, aber noch nicht aktueller Kinderwunsch im Rahmen des möglichen für die Zukunft gesichert werden soll. Diese Situation kann sich etwa bei verheirateten oder nicht verheirateten Männern ergeben, die sich in Folge ihrer Berufsausübung oder wegen einer Hodenkrebsbehandlung der Gefahr ausgesetzt sehen, später keine Kinder mehr zeugen oder natürliche Zeugung wegen genetischer Veränderungen der Samenzelle und den damit verbundenen Risiken für das Kind nicht mehr verantworten zu können.» Die Konsequenz: «Eine Hinterlegung und Aufbewahrung von eigenen Samenzellen von verheirateten und unverheirateten Männern im Kantonsspital St. Gallen ist im Hinblick auf eine spätere Verwendung grundsätzlich zulässig.»

Konkubinatsfreundlich urteilte das Bundesgericht in bezug auf die sogenannten Retortenbabys. Es ging um einen Entscheid des Sanitätsrates des Kantons Waadt, der die künstliche Befruchtung in vitro mit anschliessendem Embryotransfer (Zusammenführen der Keime beider Elternteile ausserhalb des Körpers in vitro, also im Experimentierglas) auf Ehepaare beschränken wollte. Die Richter in Lausanne erklärten, der Ausschluss unverheirateter Paare von dieser Methode stelle eine schwere Beschränkung der persönlichen Freiheit dar. Es bedürfe dazu einer ausreichenden gesetzlichen Grundlage, die hier fehle. Denn das Waadtländer Gesundheitsgesetz habe zwar dem Sanitätsrat gewisse Rechtssetzungsbefugnisse eingeräumt, ihn aber gleichzeitig verpflichtet, sich an die Richtlinien der Schweizerischen Akademie der medizinischen Wissenschaft zu halten. Diese verzichten grundsätzlich auf eine Unterscheidung verheirateter und unverheirateter Paare und machen die Anwendung der modernen Methoden der künstlichen Befruchtung lediglich davon abhängig, dass ein Paar seine Elternpflichten gegenüber dem Kind selber wahrnehmen will (NZZ Nr. 294/1989).

Soziale Sicherheit

Wird das Konkubinat von der AHV begünstigt?

Vordergründig betrachtet, bietet die AHV zwei unverheiratet Zusammenlebenden im Vergleich zu Ehepaaren erhebliche finanzielle Vorteile.

Auf den ersten Blick ist das Netz der sozialen Sicherheit in der Schweiz für nichtverheiratete Lebenspartner tragfähiger als für Eheleute. Unabhängig davon, ob zwei Ehepartner ein Leben lang berufstätig waren und ihre Beiträge für die Sozialversicherung bezahlt haben oder ob die Ehefrau während der Ehe nicht berufstätig war, hat das verheiratete Paar, sobald der Mann 65 wird und die Ehefrau wenigstens 62 Jahre alt ist, im Normalfall Anspruch auf eine volle Ehepaar-Rente; diese ist aber höchstens anderthalbmal so hoch wie die maximale Einzelrente von gegenwärtig 1880 Franken. Das macht im besten Fall 2820 Franken im Monat für beide aus (Stand 1993). Haben aber zwei Partner eine Ehe ohne Trauschein geführt, so gelangen zwei voneinander unabhängige Renten zu Auszahlung, bei vollen Beitragsjahren der beiden also ohne weiteres bis zu 3760 Franken, das sind monatlich volle 940 Franken mehr, als das verheiratete Paar unter vergleichbaren Verhältnissen bezieht.

Unter bestimmten Voraussetzungen können verheiratete und unverheiratete Paare allerdings gleichgestellt sein: Hat einer der Partner einer Ehe ohne Trauschein die Maximal-, der andere nur die Minimalrente (die Hälfte der Maximalrente also) zugut, ergibt sich zusammengezählt die gleiche Rente, die ein Ehepaar im Maximum erzielen kann.

Anzumerken ist bei dieser Gelegenheit: Ein vergleichbares Gefälle zwischen den bevorzugten unverheirateten und den benachteiligten verheirateten Paaren gibt es auch bei den Ergänzungsleistungen, auf die Rentnerinnen und Rentner in schlechten finanziellen Verhältnissen einen Rechtsanspruch haben. Auch hier gelangen bei sonst gleichen Verhältnissen an Konkubinatspaare grössere Beiträge als an Verheiratete zur Auszahlung.

Gibt es Nachteile im Bereich der Alterssicherung?

Die scheinbaren Vorteile, die im Rentenalter winken, können unter Umständen durch massive Nachteile geradezu pulverisiert werden.

Schwer wiegen insbesondere die Konsequenzen beim vorzeitigen Tod eines Partners. Hier sichert die Ehe der Frau unter bestimmten Voraussetzungen eine Witwenrente, gegenwärtig minimal immerhin 752 Franken und maximal 1504 Franken (Stand 1993). Die nichtverheiratete Lebensgefährtin dagegen geht leer aus und muss Einbussen in Kauf nehmen, die in zahllosen Fällen die massiven Scheineinsparungen an Steuern in früheren Jahren mehr als kompensieren.

Wie im Kapitel «Steuern» auf Seite 136 angedeutet wird, können sich zusätzliche Nachteile ergeben, wenn eine Frau ihren Beruf aufgibt, um den Haushalt ihres Gefährten zu führen, ohne ihn zu heiraten. Sie verfügt dann über kein eigenes Einkommen mehr und leistet auch keine Beiträge für die Sozialversicherung, sofern nicht die an und für sich obligatorische Erfassung als Nichterwerbstätige bei der Ausgleichskasse beantragt wurde oder von Amtes wegen erfolgte. Ob sie 20-, 30- oder 50jährig ist, sobald die «arbeitslose» und damit beitragsfreie Existenz über ein Jahr dauert, droht im Zeitpunkt der AHV-Berechtigung eine unliebsame Überraschung: Jedes Jahr, in dem keine Beiträge geleistet wurden, kann sich rentenverkürzend auswirken. Bereits nach fünf Jahren beträgt der regelmässige Verlust des Rentners oder der Rentnerin auf die bei vollständigen Beitragsjahren fällige Vollrente über elf Prozent, nach zehn Jahren über 22, nach 15 Jahren über 34 Prozent. Bei 20 beitragslosen Jahren macht die Einbusse gegen die Hälfte aus, nämlich über 45 Prozent.

Diese ungünstige Entwicklung kann jedoch gemildert werden, wenn die Gefährtin das möglicherweise fiktive Einkommen, welches sie als Haushälterin ihres Freundes erzielt, versteuert (siehe Kapitel «Steuern») und auch die AHV-Beitragspflicht erfüllt. Zu beachten ist, dass ausstehende Beiträge auf fünf Jahre rückwirkend nachgezahlt werden können. Wer sich in einer solchen Situation befindet, sollte also nicht zögern, sich unverzüglich bei der zuständigen AHV-Zweigstelle zu melden.

Zusammenfassend ist festzuhalten: Wirklich vorteilhaft ist das Konkubinat nur für Paare, die beide berufstätig sind, sofern auch die Frau so gut verdient, dass sie auf eine Witwenrente beim Tod ihres Partners nicht angewiesen ist.

Lohn für die Gefährtin?

Am 11. April 1984 hat das Eidgenössische Versicherungsgericht, das dem Bundesgericht gleichgestellt ist und sich mit Sozialversicherungsfragen befasst, die hier beschriebene Praxis ausdrücklich bestätigt.

Demnach gilt die in einer eheähnlichen Gemeinschaft lebende nicht berufstätige Frau, die den gemeinsamen Haushalt führt und dafür von ihrem Partner Naturalleistungen in Form von Kost und Logis und allenfalls zusätzlich ein Taschengeld erhält, als Unselbständigerwerbende. Die entsprechenden Natural- und Barleistungen sind als für die AHV-Beitragspflicht massgebender Lohn zu betrachten. Im vom Gericht beurteilten Fall handelte es sich um monatlich insgesamt 552 Franken, nämlich 450 Franken für Verpflegung und Unterkunft und 102 Franken für Kleider und Taschengeld. Die Sozialversicherungsbeiträge, die vom Freund und Arbeitgeber abzurechnen sind, wurden für 13 Monate auf 895 Franken festgesetzt. Mit aller Entschiedenheit hat sich das Versicherungsgericht gegen die Interpretation der Vorinstanz gewendet, wonach das Konkubinat als «faktisch und soziologisch längst schon etabliertes Institut immer mehr eine auch rechtliche Anerkennung erfahren» habe. Davon könne keine Rede sein, liessen die Richter verlauten. Es gehe lediglich darum, den bestehenden Sachverhalt der eheähnlichen Gemeinschaft nach Massgabe des geltenden Sozialversicherungsrechtes zu würdigen.

Im übrigen hat das Versicherungsgericht im gleichen Urteil, das Ärgernis der lohnmässigen Abhängigkeit der Freundin von ihrem Freund zu entschärfen gesucht. Der Grundsatz der Gleichstellung von Mann und Frau sei nicht gefährdet, sondern gewährleistet; denn die Naturalleistung müsste auch dann AHV-mässig erfasst werden, «wenn in einer eheähnlichen Gemeinschaft der Mann den Haushalt führte und die Frau ausserhäuslich erwerbstätig wäre» (Entscheid EVG, BGE 110 V 1).

Die Ausgleichskasse der AHV kann eine nichtberufstätige Konkubinatspartnerin (oder einen Partner) nur dann erfassen, wenn sie vom eheähnlichen Verhältnis Kenntnis hat. Es liegt also im Interesse vor allem des haushaltführenden Teils einer Partnerschaft, die Ausgleichskasse ins Bild zu setzen. Nur so lassen sich die vollen Beitragsjahre sichern mit dem Ziel, spätere Rentenkürzungen zu vermeiden.

Partnerin als «Putzfrau»

Auch das Eidgenössische Versicherungsgericht hat in einem wegweisenden Entscheid (ZAK 10/1988) bestätigt, dass eine nicht erwerbstätige Partnerin, die ihrem Freund den Haushalt führt, als dessen Angestellte zu betrachten ist. Ihr Freund gilt als «Hausdienstarbeitgeber» und muss der Ausgleichskasse für den seiner Gefährtin «bezahlten» Lohn (als Einkommen aus unselbständiger Erwerbstätigkeit) AHV-Beiträge abliefern, 50 Prozent zu seinen Lasten, während die zweite Hälfte von der «Hausangestellten» zu leisten ist.

Im vorliegenden Fall lagen die Dinge besonders kompliziert. Die Freundin war noch verheiratet. Wäre sie bei ihrem Ehemann geblieben, so hätte dieser gemäss AHV-Gesetzgebung für sie keinen Rappen an die AHV bezahlen müssen. Aber der Wechsel von der treubesorgten Gattin zur treubesorgten Konkubine verlangte nun plötzlich die Bezahlung der AHV-Beiträge. Hier die Paragraphenlogik für diesen Vorgang: «Eine verheiratete Frau, die den Haushalt führt oder im Betrieb ihres Ehemannes ohne Barlohn mitarbeitet, erfüllt ihre familienrechtliche Beistandspflicht. Folglich stellen die von ihrem Ehemann gewährten Unterhaltsleistungen kein Einkommen aus einer Erwerbstätigkeit dar und unterliegen deshalb nicht der Beitragserhebung. Dagegen ist die mit einem Mann in einer eheähnlichen Gemeinschaft lebende Frau nach Gesetz nicht verpflichtet, den Haushalt zu führen, und dies unabhängig davon, dass sie noch mit einem Dritten verheiratet und gegenüber diesem beistandspflichtig ist. Die von ihrem Partner gewährten Naturalleistungen – sowie ein allfälliges Taschengeld – sind als Entgelt für die Haushaltführung zu qualifizieren; sie stellen Einkommen aus unselbständiger Erwerbstätigkeit dar und unterliegen der Beitragserhebung.» Zu allem Überfluss stellt das Eidgenössische Versicherungsgericht die haushaltführende Partnerin ausdrücklich einer Putzfrau gleich, «deren Entgelt beitragspflichtig ist».

Zu beachten ist hier, dass es sozialversicherungsrechtlich verbindliche Richtlinien gibt, die in solchen Fällen anzuwenden sind. Für den Wert von Unterkunft und Verpflegung gilt ein Tagessatz von 24 Franken, zu dem noch zusätzlich 11 Franken für die übrigen Aufwendungen (Taschengeld, Kleider usw.) kommen. Das macht immerhin rund 1050 Franken pro Monat aus (Stand 1993).

Achtung:
Ausnahme bei bescheidensten Verhältnissen

▶ Hanna W. lebte mit ihrem Lebensgefährten Ulrich P. und zwei gemeinsamen Kindern zusammen im gleichen Haushalt. Die Ausgleichskasse des Kantons Tessin machte AHV-Beiträge auf der Grundlage des vermuteten Naturallohns von jährlich 6480 Franken geltend, scheiterte aber schliesslich vor Bundesgericht. ◀

Die obersten Richter erklärten, man müsse den besonderen Umständen Rechnung tragen, hier insbesondere der Tatsache, dass der Lebenspartner und Vater der Kinder über ein ausserordentlich geringes Einkommen von jährlich 15 000 Franken verfüge: «Angesichts der bescheidenen wirtschaftlichen Situation des Ulrich P. erscheint es klar, dass die Berechnung des Naturallohnes für Kost und Logis der Konkubinatspartnerin Hanna W. nicht aufgrund der normalen Berechnung ermittelt werden darf.» Schliesslich ging man von einem Einkommen von 2631 Franken aus. Da die darauf geschuldeten AHV-Beiträge mit 221 Franken weniger ausmachten als das gesetzliche Minimum für Nichterwerbstätige (damals 252 Franken), nahm man zugunsten der Hanna W. an, sie sei nicht erwerbstätig. Sie musste statt der ursprünglich geforderten rund 550 Franken nur knapp die Hälfte als AHV-Beitrag bezahlen (BGE 116 V 177).

Gibt es Renten der Pensionskasse
für unverheiratete Partner?

Wie die staatliche AHV richtet auch die privatwirtschaftlich organisierte Alterssicherung grundsätzlich nur Renten an Versicherte und – bei deren Tod – an die hinterbliebene Witwe und minderjährige Kinder aus, nicht aber an unverheiratete Lebensgefährten.

Im Bereich der Altersvorsorge spricht man bekanntlich von der ersten, der zweiten und der dritten Säule. Die erste ist die staatliche AHV, die zweite umfasst die betriebliche Altersvorsorge (Pensionskasse, BVG), die dritte bezeichnet die individuelle Vorsorge (Sparen, Abschluss einer Lebensversicherung, Abtragung von Hypothekarschulden mit dem Ziel der Mietzinssenkung usw.). Was nun über die AHV gesagt wurde und darüber, dass sie das Konkubinat nicht zur Kenntnis nimmt, gilt ähnlich

für die zweite Säule, die betriebliche Altersvorsorge. Wer in seiner
Arbeitgeberfirma einer Pensionskasse der obligatorischen zweiten Säule
angeschlossen ist, gefährdet die Interessen seiner Lebensgefährtin massiv, solange er sie nicht ehelicht. Denn bei Invalidität, Todesfall oder
Pensionierung erbringt die Pensionskasse in der Regel keinerlei Leistungen an die hinterlassene Partnerin. Ausnahmen sind denkbar; sie müssen
aber unter allen Umständen schriftlich festgehalten werden.

Berücksichtigt die Fürsorgebehörde
das Einkommen des Konkubinatspartners?

*Ob die Fürsorgebehörde bei Unterstützungsbedürftigkeit eines Partners
das Einkommen des Lebensgefährten in ihre Rechnung einbeziehen darf,
ist umstritten. Die Praxis der Kantone ist unterschiedlich.*

Rechtlich sind Konkubinatspartner in keiner Weise zu gegenseitiger
Hilfeleistung verpflichtet. Wenn sie aber, was für die meisten Paare
selbstverständlich ist, sich gegenseitig unterstützen, muss das insbeson-
ders im Zusammenhang mit Fürsorgeleistungen angemessen berücksichtigt werden. Da unverheiratete Lebensgefährten in der Praxis oft genug
echte Solidarität üben, sind die Fürsorgebehörden dazu übergegangen,
Konkubinatspartner wie Eheleute zu behandeln. Das von beiden erzielte
Einkommen wird in einen Topf getan; erst dann wird entschieden, ob
die öffentliche Hand Unterstützungsleistungen zu erbringen hat. Die
Gleichstellung der bloss eheähnlichen Gemeinschaft mit der Ehe im
Fürsorgebereich hat allerdings ihre Grenzen. Wie subtil vorzugehen ist,
sagt ein Kreisschreiben der Fürsorgedirektion des Kantons Zürich:
«Anders als in der Ehe ist in einem eheähnlichen Verhältnis der Mann
gegenüber der Frau familienrechtlich nicht unterhaltspflichtig. Es entfällt
auch jede Unterhaltspflicht gegenüber den Kindern der Frau, die nicht
seine eigenen sind. Daher darf ein eheähnliches Verhältnis armenrecht-
lich nicht ohne weiteres mit der Ehe gleichgestellt werden. Weil den
Mann keine Rechtspflicht zum Unterhalt der Frau und ihrer Kinder trifft,
kann weder die Frau noch die Fürsorgebehörde ihn verpflichten, etwas
an den Unterhalt beizutragen. Die Frau ist daher in einem eheähnlichen
Verhältnis zusammen mit ihren Kindern als eigene Unterstützungseinheit
aufzufassen. Sie hat einen eigenen Unterstützungswohnsitz. Das bedeu-

Christa Felder
Brückenweg 4
8625 Gossau

                    An die
                    Fürsorgebehörde Gossau
                    8625 Gossau

                    EINSCHREIBEN

                    Gossau, 2. Februar 1993

Sehr geehrte Damen und Herren

Ich habe mich, weil ich wegen eines Unfalls arbeitsun-
fähig bin, an Sie wenden und um finanzielle Unterstützung bitten müssen. Diese wurde mir verwehrt, weil das
Einkommen des mit mir lebenden Stefan Hermann bei der
Ermittlung meines Notbedarfs voll angerechnet wurde.

Heute möchte ich Sie bitten, auf Ihren Entscheid zu-
rückzukommen. Ich berufe mich auf ein Kreisschreiben
der Fürsorgedirektion des Kantons Zürich vom 22. Dezember 1980, in dem ausgeführt wird: "Weil in einem eheähnlichen Verhältnis den Mann keine Rechtspflicht zum
Unterhalt der Frau und ihrer Kinder trifft, kann weder
die Frau noch die Fürsorgebehörde ihn verpflichten,
etwas an den Unterhalt beizutragen. Die Frau ist daher
... als eigene Unterstützungseinheit aufzufassen."

Ich schlage Ihnen deshalb vor, bei der Ermittlung
meiner Unterstützungsbedürftigkeit vom Einkommen des
Stefan Hermann lediglich 800 Franken zu berücksichtigen, was seinem Beitrag an die gemeinsamen Haushalt-
kosten entspricht.

Sollten Sie sich nicht zu einem Entgegenkommen in dem
vorgeschlagenen Rahmen entschliessen können, bitte ich
Sie, mir eine rekursfähige Verfügung mit Rechtsmittel-
belehrung zukommen zu lassen. Ich danken Ihnen für das
Verständnis, das Sie meinem Anliegen entgegenbringen.

                    Mit freundlichen Grüssen

                    Christa Felder

*Brief an Fürsorgebehörde (Bei dem im Brief genannten Betrag von 800
Franken handelt es sich um eine variable Grösse. Die Richtlinien für
die Bemessung der Sozialhilfe der Schweizerischen Konferenz für öffentliche Fürsorge nennt einen Monatsansatz von 500 bis 800 Franken.)*

tet nun allerdings nicht, dass die Tatsache des Zusammenlebens mit einem Mann bei der Bemessung der Unterstützungsleistungen für die Frau und ihre Kinder völlig ausser acht zu lassen ist. Vielmehr soll die Fürsorgebehörde bei der Aufstellung der Bedarfsrechnung für die Frau alle Leistungen, die sie für den in Hausgemeinschaft lebenden Partner erbringt, berücksichtigen. Es darf von der Frau erwartet werden, dass sie von ihrem Freund ein Entgelt für die Wohnungsmitbenützung sowie ein angemessenes Arbeitsentgelt für die Zubereitung der Verpflegung, die Wäschebesorgung und allfällige weitere Dienstleistungen verlangt. Unzulässig ist nur, Unterhaltsverpflichtungen des Mannes in die Bedarfsrechnung einzubeziehen, die rechtlich nicht bestehen.»

In den meisten Kantonen geht man von den faktisch vom Partner erbrachten Unterstützungsleistungen aus. Das hat durchaus seine Logik: Jedenfalls erschiene es als eigentliches Ärgernis, wenn beispielsweise zwei in Not geratene Konkubinatspartner jeweils zweimal den vollen Ansatz für Alleinstehende zugesprochen erhielten, Eheleute in gleicher Situation aber lediglich Anspruch auf die für Verheiratete geltende, reduzierte Leistung erheben könnten.

Wo Fürsorgeinstanzen von der Gleichstellung von Ehe- und Konkubinatspartnern ausgehen, wo also das Einkommen des Lebensgefährten der zu unterstützenden Person zur Ermittlung des Notbedarfs in voller Höhe mitberücksichtigt wird, kann und soll eine Korrektur angestrebt werden (siehe Musterbrief). Es empfiehlt sich, den Beitrag des Partners nicht zu tief anzusetzen, sondern beispielsweise den vollen Mietzins anzugeben. Damit spart man sich langwierige Auseinandersetzungen.

Im übrigen liegt natürlich auf der Hand: Leistungen der Fürsorgebehörden können nur dann wegen der Zuschüsse eines Lebensgefährten gekürzt werden, wenn das Bestehen einer Ehe ohne Trauschein tatsächlich nachgewiesen ist. Der Blick durchs Schlüsselloch bleibt allerdings amtlichen Stellen – zum Glück – noch immer verwehrt, und so werden diese Mühe haben, Unterstützungsleistungen eines Mannes zu erwirken, der offiziell lediglich als Zimmerherr die Wohnung mit der Wohnungsinhaberin teilt oder, wenn er der Mieter ist, die Freundin in Untermiete bei sich aufnimmt. Unter solchen Voraussetzungen ist nur der vom andern entrichtete Mietzins an die einem Unterstützungsbedürftigen zur Verfügung stehenden Einkünfte anzurechnen.

Zur Frage, in welchem Ausmass die finanziellen Leistungen des einen oder des anderen Partners zur Bestreitung der Haushaltskosten zu berücksichtigen sind, siehe Seite 19.

Was ist beim Unfalltod eines Partners vorzukehren?

*Dass auch ohne Eheschliessung und ohne Konkubinatsvertrag eine trag-
fähige Gemeinschaft entstehen kann, das muss nachgerade auch die
Justiz wenigstens in Teilbereichen anerkennen. Wer seinen Partner durch
einen Strassenverkehrs- oder Arbeitsunfall verliert, sollte gegenüber den
Versicherungen nicht allzu schnell resignieren.*

Nach konservativer Leseart kann der Unfalltod eines Konkubinatspartners nicht ohne weiteres Rechtsansprüche des hinterbliebenen Freundes
oder der hinterlassenen Freundin gegenüber dem Unfallverursacher bzw.
gegenüber dessen Haftpflichtversicherung auslösen. Aber in einem 1988
publizierten Entscheid (Pra 10/1988 Nr. 230) hat das Bundesgericht
erstmals eine grundsätzliche Kehrtwendung vollzogen. Das Konkubinat
kann, wenn es sich um eine dauerhafte Partnerschaft handelt, ohne
weiteres Entschädigungsleistungen unter dem Titel «Genugtuung und
Versorgerschaden» auslösen.

► Ein Automobilist verursachte mit seiner Raserei im Jahr 1984 den
Tod einer völlig unschuldigen Fussgängerin und wurde zu einer Gefäng-
nisstrafe und Busse verurteilt; seine Haftpflichtversicherung musste für
die auf den Todesfall zurückgehenden Schäden eintreten. Neben den
Eltern und der Schwester der Getöteten trat auch ihr Freund als Kläger
auf. Ihm wurde eine Genugtuungsentschädigung – im Volksmund jeweils
als Schmerzensgeld bezeichnet – von vollen 25 000 Franken zugesprochen, gleich viel, wie die Eltern erhielten, und mehr als doppelt soviel
als die Schwester, die sich mit 12 000 Franken begnügen musste. Verge-
bens rief die Versicherungsgesellschaft das Bundesgericht an mit dem
Ziel, die Genugtuungsentschädigung zugunsten des hinterbliebenen
Freundes der Getöteten auf den der Schwester zugesprochenen Betrag
zu reduzieren. Es blieb bei den 25 000 Franken. ◄

Entscheidend für die Konkubinatsfrage ist folgende Überlegung des
Bundesgerichts: Eine gesetzliche Unterstützungspflicht (wie sie Ehegatten untereinander und Kinder gegenüber den Eltern sowie Eltern gegenüber den Kindern trifft) sei nicht Voraussetzung für die Bejahung einer
sogenannten Versorgereigenschaft. Vielmehr genüge es, wenn ein Ge-

schädigter nachweise, «dass tatsächlich Versorgungsleistungen erbracht worden sind und mit grosser Wahrscheinlichkeit in Zukunft erbracht worden wären». Sekundär ist nach Auffassung der Richter in Lausanne die Frage, ob ein Verlöbnis bereits bestanden habe. Und nicht einmal die Frage, ob wenigstens eine Heirat beabsichtigt gewesen sei, kann entscheidend sein. Massgebend ist der Nachweis einer auf Dauer ausgerichteten Bindung, der im vorliegenden Fall eindeutig erbracht war: Beginn der intimen Freundschaft im Jahr 1981, Bezug einer gemeinsamen Wohnung zwei Jahre später und Fortdauer des guten Einvernehmens bis zum Unfalltod im Jahr 1984.

Erstmals hat in diesem Fall das Bundesgericht versucht, gewisse Unterscheidungen zwischen dem Konkubinat und der Ehe zu skizzieren, ohne «Eheleute ohne Trauschein» zu diskriminieren: «Der Vergleich mit der ehelichen Treue- und Beistandspflicht tritt hier in den Hintergrund; ausschlaggebend ist vielmehr die rein tatsächliche Frage, ob sich die Konkubinatspartner während der Dauer der Lebensgemeinschaft unterstützt haben und auch in Zukunft mit grosser Wahrscheinlichkeit unterstützt hätten. Ein schematisches Abstellen auf eine bestimmte Mindestdauer des Konkubinatsverhältnisses fällt deshalb ausser Betracht.»

Hält man sich dieses Beispiel vor Augen, so wird man in vergleichbaren Fällen nicht vorschnell resignieren, sondern unter Berufung auf die neueste Rechtsprechung alle Hebel in Bewegung setzen, um die rechtliche Gleichstellung des Konkubinats mit der Ehe wenigstens auf diesem Gebiet durchzusetzen. Dabei ist nicht nur an Ansprüche unter dem Titel Genugtuung zu denken, sondern auch an solche unter demjenigen von Versorgerschaden: Wurde der hinterlassene Partner von dem oder der Verstorbenen unterstützt und verfügt er nicht über ausreichende Einkommensquellen, so ist es durchaus denkbar, dass angemessene monatliche Unterstützungsleistungen zugesprochen werden.

Ähnliches gilt auch bei Unfällen am Arbeitsplatz, und zwar unabhängig davon, ob sie SUVA-Leistungen auslösen oder ob zusätzlich wegen fahrlässigen Verschuldens Rechtsansprüche gegenüber dem Arbeitgeber geltend gemacht werden. Zwar sind noch keine entsprechenden zivilrechtlichen Urteile bekanntgeworden. Wahrscheinlich haben die vielen Betroffenen bisher gar nicht an die Möglichkeit solcher Schadenersatzbegehren gedacht. Wer seinen Konkubinatspartner durch Unfall verliert, sollte sich auf jeden Fall rechtlich beraten lassen.

Was ist bei der medizinischen Betreuung zu beachten?

Leicht höhere Krankenkassenbeiträge müssen Konkubinatspartner gegenüber Ehepaaren in Kauf nehmen. Mehr ins Gewicht fallen allerdings die Komplikationen, die sich bei buchstabengetreuer Handhabung des ärztlichen Geheimnisses ergeben können.

Unverheiratete Paare sollten im gegenseitigen Interesse dafür sorgen, dass sie gegen die finanziellen Folgen von Krankheit und Unfall genügend abgesichert sind. Ob und gegebenenfalls welche Taggeldregelung getroffen werden soll, muss jeder für sich selbst entscheiden. Die Absicherung für kranke Tage ist vor allem in jenen sehr häufigen Fällen absolut notwendig, wo zwei zusammenlebende Gefährten gegenseitig getrennte Kasse vereinbart haben: Dieses Prinzip lässt sich in gesunden Tagen ohne weiteres verwirklichen. Wenn jedoch der eine oder die andere durch Krankheit oder Unfall massive Einkommenseinbussen erleidet, stellt sich jeweils die Frage, ob der Partner bereit (und in der Lage) ist, das Einnahmenminus von Freund oder Freundin durch eigene Zuschüsse auszugleichen – es sei denn, man wolle zur Überbrückung einer akuten Notlage die öffentliche Fürsorge in Anspruch nehmen.

Wesentlich heiklere Probleme können sich bei der ärztlichen Betreuung stellen. Bei strenger Beachtung des ärztlichen Geheimnisses darf ein Arzt über Einzelheiten der Diagnose und der Behandlung wie auch über den zu vermutenden weiteren Krankheitsverlauf gegenüber den nächsten Familienangehörigen nur Aussagen machen, wenn das Einverständnis des Patienten vorliegt. In intakten Familien spielt das Vertrauensprinzip. Der Arzt kann sich darauf verlassen, dass alle Beteiligten im gegenseitigen Interesse ein offenes Gespräch führen dürfen. Viel delikater ist die Situation bei Konkubinatspartnern. Handelt es sich um eine auch für den Arzt erkennbare dauerhafte Beziehung, werden sich die Dinge gleich abspielen wie in der Familie. Doch wird ein Mediziner in ausgesprochenen Krisensituationen, nicht zuletzt auch bei Erkrankungen oder Unfällen in den Ferien, wesentlich zurückhaltender sein, um so kein Verfahren wegen Verletzung des Berufsgeheimnisses nach Artikel 321 StGB zu riskieren. Ein Beispiel aus der Beobachter-Beratungspraxis:

▶ Die Ehe des Karl G. bestand seit 1958 nicht mehr; er leistete an den Unterhalt der getrennt lebenden Frau regelmässig 1200 Franken, lebte aber seit 1960 mit einer zehn Jahre jüngeren Freundin zusammen, die den inzwischen 80jährigen Mann in gesunden und kranken Tagen umsorgte. Ein Schlaganfall machte seine Hospitalisierung nötig. Die Ärzte, von der Familie der offiziell noch mit ihm verheirateten Ehefrau einseitig orientiert, verwehrten der langjährigen Gefährtin den Zutritt ins Spital und verweigerten unter Berufung auf das ärztliche Geheimnis jede Auskunft über den Zustand des Karl G. Auch weigerte sich das Spitalpersonal, sie mit dem Kranken telefonisch zu verbinden. Dieser fühlte sich nun von ihr im Stich gelassen und wollte sich von ihr trennen. Erst durch Vermittlung eines gemeinsamen Bekannten konnten die künstlich geschaffenen Missverständnisse beseitigt werden. ◀

Vergleichbare Pannen können unverheiratete Paare ohne weiteres für die Zeit ihres Zusammenlebens durch eine gegenseitige unterschriftliche Erklärung ausschliessen. Der Text kann entweder separat aufgesetzt und aufbewahrt oder aber dort, wo ein Konkubinatsvertrag vorliegt, in diesen integriert werden.

```
Dora Oberer                  Heinrich Knab
Nordstrasse 25               Nordstrasse 25
3001 Bern                    3001 Bern


Erklärung

Wir leben in Wohngemeinschaft zusammen und entbinden
deshalb die uns behandelnden Ärzte gegenseitig vom
Arztgeheimnis. Diese Erklärung gilt für die Dauer
unserer Partnerschaft.

Bern, 31. Januar 1994
```

Gegenseitige Erklärung, dass Ärzte vom Arztgeheimnis entbunden sind

Ist es für Studierende vorteilhaft, im Konkubinat zu leben?

Wer sich mit einem Partner zu einer Lebensgemeinschaft verbindet und gleichzeitig Stipendien zur Finanzierung seiner Ausbildung in Anspruch nimmt, wird in vielen Fällen günstiger fahren, wenn er bis zum Studienabschluss auf die Eheschliessung verzichtet.

Im schweizerischen Stipendienwesen zeichnet sich zwar in den letzten Jahren eine Tendenz zugunsten verheirateter Stipendienbezüger ab. In verschiedenen Kantonen erhalten verheiratete Stipendienbezüger wesentlich höhere Ausbildungsbeiträge als ledige. Zusätzlich können auch Beiträge für Kinder ausbezahlt werden. Da indessen der Gesetzgeber auch in diesem Sektor die Auswirkungen des Konkubinats überhaupt nicht mitberücksichtigt, erweisen sich viele Stipendienordnungen trotzdem als ausgesprochen ehefeindlich, zumal wenn einer der beiden Ehepartner erwerbstätig ist.

Heiratet eine Studentin einen berufstätigen Mann, so kann sie gar nicht erst daran denken, sich um ein Stipendium zu bewerben. Denn sie muss sich ähnlich wie bei der Inanspruchnahme armenrechtlicher Unterstützungsleistungen das Einkommen ihres Mannes anrechnen lassen. Da heute Stipendien im Durchschnitt rund 3000 Franken ausmachen und in vielen Kantonen bis zu 9000, 10 000, ja 12 000 Franken betragen können, wird kaum ein junges Paar Einbussen dieser Grössenordnung in Kauf nehmen und wird deshalb ledig bleiben, solange Stipendien zur Auszahlung gelangen. Nicht einmal die vom Bund eingesetzte «Arbeitsgruppe Familienbericht» erkennt in ihrem 170 Seiten umfassenden Schlussbericht «Familienpolitik in der Schweiz» diese Zusammenhänge. Sie widmet zwar dem Stipendienwesen einen ganzen Abschnitt, erwähnt aber die Bevorzugung von Konkubinatspartnern unter den soeben geschilderten Voraussetzungen nicht.

Trennung

Wo liegt der Unterschied zur Scheidung?

Im menschlichen Bereich stellen sich beim Auseinanderbrechen eines Konkubinatsverhältnisses oft genau die gleichen Probleme wie bei einer unüberbrückbaren Ehekrise. Rechtlich hingegen sieht die Situation sich trennender Konkubinatspartner völlig anders aus. Sie können sich auf keinerlei gesetzliche Schutzbestimmungen berufen.

Ob sich zwei Konkubinatspartner trennen oder zwei Eheleute: im Vordergrund steht die Enttäuschung über das Zerbrechen einer Gemeinschaft, die unter Umständen jahrelang funktionierte. Das Vertrauenskapital, mit dem die Zweisamkeit begründet wurde, ist zerstört oder verschleudert. Zurück bleiben Resignation und Bitterkeit, im schlimmsten Fall gegenseitiger Hass.

Gewaltig ist dagegen der Unterschied im rechtlichen Bereich. Im allgemeinen kann eine Trennung von Konkubinatspartnern vollkommen formlos erfolgen. Der eine kann den anderen verlassen (oder «in die Wüste schicken»), ohne dass irgendwelche Fristen oder Konsequenzen zu beachten wären. Das liegt in der Natur der Sache: So formlos wie vorher die Lebensgemeinschaft begründet wurde, so formlos kann sie auffliegen.

▶ Helen C. war 35 Jahre alt und – nach sechsjähriger Trennung von ihrem Mann, einem Tunichtgut – geschieden. Sie erhielt für die beiden Söhne, 13- und 9jährig, lediglich je 150 Franken an Alimenten und kam im übrigen als Angestellte in einem Tea-Room für den Lebensunterhalt der reduzierten Familie auf.

Zwei Jahre nach der Scheidung lernte sie Franz F. kennen. Verliebt, wie sie war, muss sie den Verstand komplett verloren haben; schon nach drei Wochen gab sie ihre Berufstätigkeit auf, verkaufte oder besser gesagt verschleuderte ihre Möbel und zog mit den Buben zu Franz F. Ein Jahr später erwartete sie ein Kind von ihm. Schon während der Schwangerschaft erwies sich der neue Gefährte als brutal, arbeitsscheu und egoistisch. Nach der Geburt der gemeinsamen Tochter Margrit wurde er noch bösartiger; eines Tages zog er aus, nachdem er Helen C. windelweich geprügelt hatte.

Zwei Wochen danach kam eine richterliche Verfügung: Helen C. habe alle Möbel herauszugeben. Die Frau stand da – mit zwei Kinderbetten, einer Wiege für die dreimonatige Margrit, ihrem eigenen Bett, einem

Küchentisch und vier Stühlen. Die Fürsorgebehörde wollte zunächst mit der Begründung «sälber tschuld» keinerlei Leistungen erbringen, liess sich dann aber vom Beobachter doch überzeugen, dass die Frau Anspruch auf Überbrückung der akuten Notlage habe. Helen C. hat inzwischen wieder Arbeit in einem Tea-Room angenommen. Aber sie wird noch lange Zeit die finanziellen Nachwirkungen der Hals über Kopf eingegangenen Verbindung mit Franz F. spüren. ◄

Wie kann man eine Gemeinschaft, in der es kriselt, retten?

Patentrezepte gibt es nicht, aber Richtlinien – hier vor allem das Postulat nach mehr Toleranz –, die gelegentlich weiterführen.

Weil die Ehe ohne Trauschein leichter «geschieden» werden kann als die legalisierte, wird sich nach einer Enttäuschung mancher vorschnell zurückziehen und sich in neuer Einsamkeit üben oder sich aber dem nächsten Partner zuwenden in der Hoffnung, es dann dort länger auszuhalten. Ob derartige Reaktionen menschlich verantwortet werden können oder ob sie als Kurzschlusshandlungen abzulehnen sind, das sind Fragen, die verallgemeinernd nicht beantwortet werden können. Hingegen ist mit allem Nachdruck festzuhalten: Jede Gemeinschaft verlangt von ihren Mitgliedern Konzessionen, verlangt Kompromisse und Rücksichtnahme. Und in jeder Gemeinschaft gibt es zwangsläufig Konfliktstoff, der zu bewältigen ist.

Es ist deshalb auch durchaus realistisch, zwei unverheiratete Partner, die aneinandergeraten sind, auf Schlichtungsmöglichkeiten hinzuweisen, die nicht nur verheirateten Paaren vorbehalten sind. Zwar können Konkubinatspartner keinen Eheschutzrichter aufsuchen. Aber je selbstverständlicher die neue, ungebundene Form des Zusammenlebens wird, desto häufiger drängen sich Rettungsversuche auf. Auf die Gefahr hin, beim anderen Gefährten eine zynische Reaktion auszulösen, kann also ein Partner durchaus eine Eheberatungsstelle (Adressen siehe Anhang, Seite 161) in Anspruch nehmen oder irgendeinen Dritten seines Vertrauens, nicht zuletzt natürlich den Pfarrer, damit der drohende Bruch vielleicht doch noch durch einen Ausgleich vermieden werden kann.

Was ist nach dem endgültigen Bruch vorzukehren?

Wo die Gefahr besteht, dass ein Partner den andern schädigen könnte, ist umsichtiges Handeln geboten.

Die wichtigsten Massnahmen sind nachfolgend in einer Checkliste zusammengestellt. Sie ist zwangsläufig nicht vollständig, muss also individuell ergänzt werden, damit unliebsame Überraschungen vermieden werden können.

☐ Vermieter benachrichtigen. Wenn man den Mietvertrag mitunterzeichnet hat und die Wohnung verlassen will, auf den nächstmöglichen Termin kündigen.

☐ Kontrollieren, ob der Partner noch im Besitz einer Postomat- oder Bancomat-Karte des eigenen Kontos ist. Will er sie nicht herausgeben und verfügt er über den Code, bleibt nichts anderes übrig als die sofortige Blockierung des Kontos bei Bank und/oder PTT. Ähnliches gilt für alle Möglichkeiten des bargeldlosen Bezugs von Waren oder Dienstleistungen.

☐ Allfällige Vollmachten sind unverzüglich zu widerrufen.

☐ Sicherzustellen sind Rechnungen und Postquittungen sowie andere Belege, mit denen das Eigentum an einzelnen Einrichtungs- und anderen Gegenständen glaubhaft gemacht werden kann.

☐ Lauten Begünstigungsklauseln eines Versicherungsvertrages zugunsten eines Partners, von dem man sich getrennt hat, so kann durch eingeschriebenen Brief an die Versicherungsgesellschaft ein neuer Begünstigter bezeichnet werden.

☐ Kann man sich über die Rückgabe von Schlüsseln nicht friedlich einigen, empfiehlt es sich, die Schlösser auszuwechseln. Das gilt für die Wohnung wie auch etwa für das bisher gemeinsam benützte Motorfahrzeug. Doch versteht sich von selbst, dass nur der tatsächliche Wohnungsinhaber sowie der Eigentümer des Autos zu solchen Massnahmen berechtigt ist.

☐ Verletzt ein Partner Vereinbarungen des Konkubinatsvertrags, kann ihn der andere schriftlich mahnen und unter Ansetzung einer Frist zu vertragskonformem Verhalten auffordern. Er hat auch jederzeit die Möglichkeit, die Justiz anzurufen, um die einzelnen Bestimmungen durchzusetzen.

☐ Hat ein Partner den anderen testamentarisch begünstigt, ist unverzüglich ein neues Testament zu errichten.

Lohnt es sich, um seine Rechte zu kämpfen?

In Teilbereichen kann es sinnvoll sein, den Richter anzurufen. Ein Prozess bedeutet jedoch stets eine grosse psychische Belastung.

Weil das Konkubinat im Gegensatz zur Ehe keinen verbindlichen Rechtsnormen unterworfen ist, bietet sich weniger häufig als bei der Scheidung Gelegenheit zu prozessualen Auseinandersetzungen. Aber in Einzelfragen ist die Anrufung des Richters zum mindesten theoretisch ohne weiteres möglich.

Doch ist vor übereiltem Vorgehen zu warnen. Ein Kleinkrieg bringt angesichts der hohen Anwalts- und Gerichtskosten in der Regel wenig und ist überall dort, wo Aussage gegen Aussage steht, mit hohen Risiken verbunden. Bevor man den Kampf ums (vermeintliche) Recht aufnimmt, sollte man sich deshalb einer gründlichen Gewissenserforschung unterziehen. Oft verbirgt sich hinter forschem Vorgehen der Versuch, sich für das nicht bewältigte Trennungsdrama zu rächen. Zu beachten ist: Derartige Zivilverfahren sind unabhängig von ihrem Ausgang mit einem grossen Aufwand an Nervenkapital verbunden. Oft ist es daher einfacher, einen dicken Strich unter die an sich unbeglichene Rechnung zu ziehen und die Kräfte für den Neubeginn zu sparen.

Welche Rechte kann man nach dem Bruch eines Eheversprechens geltend machen?

Im Gegensatz zum Begriff «Konkubinat» finden sich die Stichworte «Verlöbnis» und «Eheversprechen» im Zivilgesetzbuch, das ein ganzes Instrumentarium zum Schutz des grundlos verlassenen Verlobten geschaffen hat. Wenn der Partner oder die Partnerin nach der Auflösung der Freundschaft durch den andern Teil glaubhaft machen kann, dass das Konkubinat nur als Übergangszeit bis zur geplanten Eheschliessung gedacht war, können sich besondere Probleme ergeben. Wer das Verlöbnis ohne ausreichende Veranlassung bricht, muss damit rechnen, dass der oder die Verlobte rechtlich vorgeht. Der entscheidende Satz von Artikel 90 ZGB: «Das Verlöbnis wird durch Eheversprechen begründet», ist durch den Hinweis zu ergänzen, dass eine schriftliche Absichtserklärung nicht vorausgesetzt wird.

Das schafft zwangsläufig Beweisschwierigkeiten, wenn es zum Streit kommt. Wo keine Verlobungsanzeige vorgelegt werden kann, wo keine Verlobungsfeier stattfand und sich zwei Gefährten nicht ausdrücklich als Braut bzw. Bräutigam vorstellten, wird der Nachweis eines Eheversprechens schwierig. Im Prozessfall müsste durch sorgfältige Beweiserhebung, durch Zeugenbefragungen, briefliche Äusserungen usw. geklärt werden, ob die beiden wirklich zu heiraten beabsichtigten. Angesichts des allgemeinen Wandels der gesellschaftlichen Vorstellungen und der immer geringeren Bedeutung der Verlobung, sollte man die Justiz nur bemühen, wenn man das Eheversprechen beweisen kann.

Wer von seinem Partner verlassen wurde, ohne dass dieser wichtige Gründe dafür zu nennen vermag, kann ihn für die Aufwendungen haftbar machen, die «mit Hinsicht auf die Eheschliessung in guten Treuen getroffen worden sind» (Art. 92 ZGB). Die nächstfolgenden gesetzlichen Bestimmungen gehen noch weiter. Der Verlobte, dem «durch den Verlöbnisbruch ohne sein Verschulden eine schwere Verletzung in seinen persönlichen Verhältnissen» zugefügt wurde, kann vom andern eine Genugtuungssumme verlangen. Geschenke können gegenseitig zurückgefordert werden. Doch verjähren alle Ansprüche aus dem Verlöbnis mit Ablauf eines Jahres. Das bedeutet konkret: Wenn nicht innerhalb von zwölf Monaten seit dem Zerwürfnis Betreibung angehoben oder Klage eingereicht wird, kann das Opfer eines Verlöbnisbruchs keinerlei Forderungen gegenüber dem früheren Partner mehr geltend machen. Allerdings ist auch hier an die enormen Prozessrisiken zu erinnern: Der Richter kann einem klagenden Partner nur zu seinem Recht verhelfen, wenn dieser nachweist, dass er grundlos verlassen wurde. Der Ermessensspielraum ist dabei zwangläufig so gross, dass niemandem eine solche Kontroverse zu wünschen ist.

Streit um die Zuteilung
wertvoller Einrichtungsgegenstände

In vielen Fällen wird man nach dem Motto: «De Gschiider git noo, de Tümmer bliibt stoo», verfahren müssen. Im übrigen aber kann man sich durch rechtzeitige Vorkehrungen weitgehend absichern.

An sich können die Bestimmungen über den Verlöbnisbruch Anwendung finden, wenn sich zwei auseinandergehende Gefährten friedlich einigen wollen: Jeder nimmt zurück, was er in die Gemeinschaft gebracht hat. Unter Umständen ist auch das Zurückgeben der Geschenke ins Auge zu fassen, es sei denn, man bringe die Grosszügigkeit auf, dem andern zu belassen, was man ihm in guten Zeiten geschenkt hatte.

Wenn sich zwei Gefährten allerdings im Streit trennen, können in bezug auf wertvollere Objekte (Möbel, Motorfahrzeuge, Haushaltgeräte, Fernsehapparate usw.) erbitterte Auseinandersetzungen vom Zaun gebrochen werden. Hier ist derjenige im Vorteil, der eine auf ihn lautende Quittung besitzt. Es handelt sich zwar nicht um einen strikten Beweis, aber doch um ein gewichtiges Indiz dafür, dass er den betreffenden Gegenstand selbst bezahlt hat und damit rechtmässiger Eigentümer ist.

Streitigkeiten können auch entstehen, wenn ein Partner behauptet, ein bestimmtes Objekt als Geschenk erhalten zu haben. Solche Kontroversen lassen sich nur durch rechtzeitige schriftliche Absprachen vermeiden, am zweckmässigsten im Rahmen eines Konkubinatsvertrages.

Was jeder «eingebracht» hat, um einen Fachausdruck aus dem Eherecht zu verwenden, ist noch relativ leicht auszumachen. Heikler wird es bei all jenen Gegenständen, die gemeinsam erworben wurden. Hier entsteht sogenanntes Miteigentum. Das Zivilgesetzbuch regelt dieses in den Artikeln 646 bis 651. Wo der Zwist zwischen zwei Menschen eine gemeinsame freiwillige Vereinbarung über die Aufteilung von Miteigentum verhindert, bleibt die Möglichkeit, den Richter anzurufen. Dieser kann jenen Miteigentümer aus der Gemeinschaft ausschliessen, der seine Verpflichtungen gegenüber dem Partner so schwer verletzt hat, dass dem Partner eine Fortsetzung der Gemeinschaft nicht zuzumuten ist. Aber wenn es nicht um hohe Beträge beispielsweise im Zusammenhang mit einer Liegenschaft geht, kann niemandem empfohlen werden, den Rechtsweg zu beschreiten.

Können Geschenke zurückgefordert werden?

Ausser bei nachgewiesenem Verlöbnisbruch besteht in der Regel kein Anspruch auf Rücknahme von Geschenken. Anders liegen die Dinge nur, wenn die Entgegennahme eines Geschenkes als Verstoss gegen Treu und Glauben aufzufassen ist. Hat sich ein Lebensgefährte noch reich beschenken lassen in einem Zeitpunkt, in dem er nachweisbar bereits zur Auflösung der Beziehung entschlossen war, so muss er das Empfangene zurückerstatten und riskiert im andern Fall, einen entsprechenden Prozess zu verlieren. Die Auffassung, eine Rechtspflicht zur Rückgabe der Geschenke bestehe nicht, wäre unter solchen Umständen rechtsmissbräuchlich.

Denkbar ist selbstverständlich auch, dass beide Seiten vertraglich vereinbaren, ein Geschenk sei zurückzugeben, wenn die Lebensgemeinschaft aufgegeben werde (zum Beispiel alter Familienschmuck). Solche Vereinbarungen sind allerdings problematisch: Was man dem andern vollen Herzens in guten Tagen schenkt, wird man normalerweise nicht an rechtliche Wenn und Aber binden wollen.

Welche Kriterien gelten bei der vermögensrechtlichen Auseinandersetzung?

In einem neueren Entscheid geht das Bundesgericht von der Annahme aus, zwischen den nicht verheirateten Partnern habe eine sogenannte einfache Gesellschaft bestanden.

Die prekäre rechtliche Situation von ehemaligen Konkubinatspartnern hat das Bundesgericht in einem Entscheid vom 8. Juni 1982 (BGE 108 II 204) sichtbar gemacht. Der Fall präsentierte sich, kurz zusammengefasst, folgendermassen:

▶   Offensichtlich war die Freundschaft der zwei Partner, die sich nun als Prozessgegner gegenüberstanden, ursprünglich auf Dauer angelegt. Jedenfalls nahm der Freund nach rund drei Jahren eine Tätigkeit im Ausland auf, stellte aber seine Freundin durch eine Generalvollmacht sicher und liess jeweils sein Salär auf ihr Konto auszahlen. Damit war die Weisung verbunden, sie müsse aus diesen Einkünften für die laufenden Bedürfnisse des Haushaltes und weitere gemeinsame Kosten aufkommen. Als es zum Bruch kam und sich eine gütliche Lösung als unmöglich erwies, strengte der Mann einen Zivilprozess gegen seine frühere Geliebte an und forderte 30 000 Franken zurück. ◄

Vor dem Obergericht errang er zunächst einen vollen Prozesssieg. Doch das Bundesgericht reduzierte den dem Kläger zustehenden Betrag ganz massiv; die Partnerin musste den früheren Freund nur noch mit rund 10 000 Franken entschädigen. Das Gericht billigte ihr offensichtlich eine weitgehend unbeschränkte Kompetenz zu, über die ihr anvertrauten Beträge zu verfügen. Zur Rückzahlung der bereits erwähnten Summe wurde sie nur verpflichtet, weil es sich um Steuerschulden handelte, die sie weisungswidrig nicht bezahlt hatte.

Dieser bundesgerichtliche Entscheid ist aufschlussreich, weil der höchste Gerichtshof unseres Landes damit in besonders markanter Weise zum Ausdruck bringt, dass er die neue Lebensform trotz fehlender rechtlicher Bestimmungen akzeptiert. Einmal mehr erweist sich das, was man als Zeitgeist zu bezeichnen pflegt, als stärker als die Paragraphen. Es ist bemerkenswert, dass das Bundesgericht den veränderten gesellschaftspolitischen Verhältnissen Rechnung trägt und angesichts des fehlenden geschriebenen Rechts überzeugendes neues «Richterrecht» geschaffen hat. Wörtlich: «Die angebliche Gefährdung der Ehe durch das Konkubinat hat vereinzelt in Lehre und Rechtsprechung zur These geführt, ein eheähnliches Zusammenleben unter Ablehnung der Heirat verdiene überhaupt keinen Rechtsschutz ... Diese pauschale Verweisung in einen rechtsleeren Raum ist indes zu verwerfen ... Wenn die Partner für ihre Gemeinschaft die Ehe ablehnen, besagt dies keineswegs, dass sie überhaupt alle Rechtsfolgen ihres Zusammenlebens ausschliessen wollen ... Es steht ausser Frage, dass der persönliche, nicht der vertragsrechtliche Charakter solcher Beziehungen überwiegt. Wo wie wohl meist auf präzise vertragliche Absprachen über die Ausgestaltung des Zusammenlebens verzichtet wird, liegt ein Vertrauensverhältnis vor, das nach dem mutmasslichen Willen der Partner nicht von Rechtsregeln bestimmt sein soll ... Nichts erlaubt den Schluss, dass die Partner von vorneherein auch für den Fall der Auflösung der Beziehung den Rückgriff auf Rechtsnormen ausschliessen wollten. Zwar wird die freiwillige Übereinkunft auch dann Vorrang haben; gelingt sie nicht, muss jedoch eine Liquidation nach Rechtsgrundsätzen möglich sein.»

Als besonders geeignete Rechtsnorm bot sich in diesem Zusammenhang die einfache Gesellschaft an (siehe Seite 16). Um zu verdeutlichen, dass es keiner eigentlichen vertraglichen Vereinbarung bedarf, um die Rechtsnorm der einfachen Gesellschaft entstehen zu lassen, hält das Bundesgericht im gleichen Urteil fest: «Die vertragsmässige Verbindung kann auch stillschweigend erfolgen und sich aus dem Verhalten der Partner ergeben, wobei diesen nicht bewusst sein muss, dass daraus eine einfache Gesellschaft entsteht ... Es sind Konkubinatsverhältnisse denkbar, in denen die Partner sich in jeder Beziehung eine derart starke Selbständigkeit bewahren, dass für die Annahme einer einfachen Gesellschaft kein Raum bleibt. Von der Verfolgung eines gemeinsamen Zweckes mit gemeinsamen Kräften oder Mitteln kann nur dort gesprochen werden, wo eine Wille besteht, die eigene Rechtsstellung einem gemeinsamen Zweck unterzuordnen, um auf diese Weise einen Beitrag an die Gemeinschaft zu leisten. Dies wird der Fall sein, wenn sich die Konkubinatspartner zu einer wirtschaftlichen Gemeinschaft mit gemeinsamer Kasse zusammenfinden, an die beide durch finanzielle Leistungen oder Haushaltsarbeiten beitragen. Da auch blosse Gelegenheitsgesellschaften zulässig sind, darf bei einem auf längere Zeit angelegten Verhältnis wie dem Konkubinat nicht verlangt werden, dass alle Einkünfte zusammengelegt und daraus alle Auslagen bestritten werden ... Es entspricht dabei dem Vertrauensverhältnis im Konkubinat, dass auf nähere Vereinbarungen bezüglich der laufenden beiderseitigen Leistungen ... verzichtet wurde.»

Auch dieses Urteil des Bundesgerichts hält fest, in diesem Bereich könne man nur von Fall zu Fall entscheiden. Dem Urteil geht also eine eigentliche präjudizielle Wirkung ab: Es kann nicht automatisch auf alle Streitigkeiten zwischen zwei sich trennenden Partnern Anwendung finden. Doch überzeugt die Beweisführung des obersten schweizerischen Gerichtshofes durchaus, so dass das Urteil auch zur Lösung von umstrittenen Fragen in vergleichbaren Auseinandersetzungen beigezogen werden kann und soll.

Wie lässt sich ein Prozess vermeiden?

Durch schriftliche Vereinbarungen, die festzulegen sind, solange der Himmel noch voller Geigen hängt!

Vorauszuschicken ist, dass der oben geschilderte Prozess für keinen der beiden früheren Partner ein gutes Geschäft war. Wer bis hinauf vor Bundesgericht prozessiert, der muss mit Kosten rechnen, die sehr schnell den Streitwert des vorliegenden Falles – immerhin 30 000 Franken – erreichen oder überschreiten können, ohne dass die eine oder andere Seite die Gewissheit hat, mit ihrer Auffassung durchzudringen. Und so wird der Kläger der 10 000 Franken, die nun die frühere Geliebte in seinem Namen der Steuerverwaltung abliefern muss, sowenig froh werden wie sie, auch wenn sie nur einen Drittel der ursprünglich geforderten 30 000 Franken zu bezahlen hat. Keine der beiden Parteien ist mit ihrem Standpunkt voll durchgedrungen. Und das hat zur unangenehmen Folge, dass sie für die eigenen Anwaltskosten und für die Gerichtskosten zur Hauptsache selbst aufkommen müssen.

Wohl erleichtert die vom Bundesgericht vorgenommene Unterstellung des Konkubinats unter die Regelungen für die einfache Gesellschaft das Vorgehen in vergleichbaren Fällen. Aber ohne vorausgehende schriftliche Abmachungen der beiden Partner kann es zu endlosen Kontroversen darüber kommen, wer was geleistet und wer was zugut hat. Der schwächere Teil wird immer das Nachsehen haben, dies vor allem dann, wenn seine Gutmütigkeit vom Partner bewusst ausgenützt und missbraucht wurde. Die Wohnungsmiete bleibt an jenem Partner hängen, der den Mietvertrag unterzeichnete, und, wenn beide unterzeichneten, zwangsläufig am zahlungsfähigeren, weil er solidarisch haftet. Ebenso sind die monatlich fälligen Teilzahlungsraten aus Kleinkrediten von demjenigen zu leisten, auf dessen Name das Darlehen lautete. Selbst wenn der ganze Betrag ausschliesslich dem Partner zugute gekommen war – oft genug deshalb, weil er nicht oder nicht mehr kreditwürdig war – und sich dieser aus dem Staub gemacht hat, muss der sitzengelassene Gefährte zur Vermeidung von Betreibung und Pfändung weiterzahlen, wenn er es war, der den Vertrag unterzeichnete.

Was geschieht nach der Trennung mit gemeinsamen Kindern?

Kinder, die aus einer Ehe ohne Trauschein hervorgegangen sind, bleiben automatisch unter der Obhut der Mutter.

Wie im Kapitel «Kinder» erörtert, wird bei der Geburt eines Kindes aus einer Konkubinatsverbindung die elterliche Gewalt der Mutter übertragen. Für sie erleichtert das die Situation, wenn die Verbindung zum Vater des Kindes aufgelöst wird. Sie kann, auch wenn bisher ihr Partner entscheidend an der Erziehung mitwirkte, die Gemeinschaft von heute auf morgen zusammen mit ihrem Kind oder ihren Kindern verlassen.

Der Kindesvater dagegen hat das Nachsehen. Wenn, wie das meist der Fall ist, seine finanziellen Verpflichtungen unmittelbar nach der Geburt festgelegt wurden, muss er diese auch nach der Trennung erfüllen. Er hat es – sowenig wie ein unterstützungspflichtiger geschiedener Ehemann – nicht in der Hand, auf die Exfreundin legal einen Druck auszuüben und die Bezahlung des monatlich fälligen Betrages beispielsweise von einem erweiterten Besuchsrecht abhängig zu machen. Wird ihm dieses nicht aus freien Stücken gewährt, so bleibt ihm nichts anderes übrig, als sich an die zuständige Vormundschaftsbehörde zu wenden. Diese hat in strittigen Fragen ganz auf das Interesse des Kindes abzustellen. Bei dieser Gelegenheit ist anzumerken, dass die Unterstützungspflicht des Vaters über die Mündigkeit des Kindes hinausgeht, wenn sich dies im Zusammenhang mit dessen Ausbildung aufdrängt und dem Vater finanzielle Leistungen zuzumuten sind.

Was geschieht, wenn ein Freundschaftsverhältnis vor der Geburt eines Kindes in die Brüche geht?

Ist die Ehe ohne Trauschein zwischen Empfängnis und Geburt eines Kindes in die Brüche gegangen, kann ein Mann versucht sein, seine Vaterschaft zu bestreiten. Dann bleibt der Kindesmutter nichts anderes übrig, als – von der Vormundschaftsbehörde an ihrem Wohnort beraten – Vaterschaftsklage einzureichen oder einreichen zu lassen.

▶   Elfriede G. zog zu Fritz L. Die beiden waren sich einig im Willen, vorläufig auf Kinder zu verzichten. Wegen eines «Pillenversagers» wurde die junge Frau trotzdem schwanger. Ihr Freund war vom Zeitpunkt an, in dem er von dieser Entwicklung Kenntnis erhielt, wie ein umgekehrter Handschuh. Er wollte seine Gefährtin zur Abtreibung zwingen. Und als sie sich dazu nicht bereitfand, verliess er sie kurzerhand und verbat sich jeden weiteren Kontakt. Die vom Anwalt der Elfriede G. eingereichte Strafanzeige gegen Fritz L. wegen «Verlassens einer Geschwängerten» stützte sich auf Artikel 218 des Strafgesetzbuches: «Wer eine Frau, die, wie er weiss, von ihm ausserehelich schwanger und die in bedrängter Lage ist, im Stiche lässt und sie dadurch einer Notlage preisgibt, wird, auf Antrag, mit Gefängnis bestraft.». Es kam allerdings zu keinem Urteil. Die beiden Partner fanden wieder zusammen, und die Anzeige wurde zurückgezogen. ◄

Umgekehrt gibt es immer wieder Fälle, in denen eine sitzengelassene Frau und Mutter den Erzeuger ihres Kindes gar nicht ins Recht fassen will. Sie möchte nichts mehr von ihm hören und sich auch finanziell von der früheren Gemeinschaft lösen. Gelegentlich dient ein solcher Vorgang auch dem Versuch, jeden künftigen Kontakt des Kindes mit dem Vater zu verhindern. Rechtlich gesehen ist ein heroisch-emanzipatorischer Akt dieser Art nicht zulässig. Anstelle der Mutter muss in solchen Fällen unverzüglich die Vormundschaftsbehörde im Namen des Kindes den Vater zu eruieren suchen und den Vaterschaftsprozess einleiten, sofern nicht vorher eine einvernehmliche Lösung gefunden werden kann.

Manche junge, von ihrem Partner enttäuschte Mutter wird den hier angedeuteten Vorgang als Einmischung der Bürokratie in ihre Privatsphäre empfinden. Es geht hier jedoch um die optimale Wahrung der Kindesinteressen: Die begreiflicherweise emotionell negativ aufgeladene Mutter soll nicht vorschnell auf die dem Kind zustehenden Alimente des Vaters verzichten können. Zu beachten ist allerdings: Ein übermässiger Druck der Vormundschaftsbehörde auf die Mutter mit dem Zweck, den Kindesvater zu ermitteln, ist unzulässig. So dürfen die erforderlichen Angaben über den Kindesvater nicht durch Androhung eines Entzugs der elterlichen Gewalt oder einer Umplazierung des Kindes erzwungen werden.

Strafrechtliches

Was geschieht bei Inhaftierung des Lebenspartners?

Wird jemand – ob verheiratet oder nicht – in ein Strafverfahren verwickelt und/oder in Untersuchungshaft gesetzt, fühlt sich dessen Partner oder Partnerin oft völlig ausgeschlossen.

Das hängt damit zusammen, dass die strafrechtliche Verantwortung für einzelne Straftaten ausschliesslich den Täter oder die Täterin trifft, dass aber deren Angehörige keinerlei Parteirechte ausüben können. Es steht ihnen insbesondere kein Anspruch auf umfassende Orientierung zu. Und so werden die Partner nicht oder nur ganz knapp informiert.

Die Tendenz, einen Lebensgefährten als quantité négligeable beiseite zu lassen, ist bei unverheirateten Paaren zwangsläufig noch ausgeprägter. Ein Untersuchungshäftling wird deshalb mit besonderem Nachdruck für die Benachrichtigung seiner Konkubinatspartnerin eintreten müssen. Er kann dabei mit guten Erfolgschancen die Gleichstellung mit verheirateten Paaren verlangen.

Das jedenfalls muss aus einem bundesgerichtlichen Urteil vom 12. Februar 1992 geschlossen werden. Zur Diskussion stand die neue Zürcher Verordnung über die Bezirksgefängnisse, gegen die der auf Fragen der Menschenrechtskonvention spezialisierte Zürcher Anwalt Ludwig A. Minelli eine staatsrechtliche Beschwerde eingereicht hatte. Er rügte unter anderem den Umstand, dass in der neuen Gefängnisordnung die Konkubinatspartner unerwähnt geblieben sind. Das stelle einen Verstoss gegen die Europäische Menschenrechtskonvention dar. Das Bundesgericht wies zwar die Beschwerde ab, gab aber im Grunde genommen Minelli recht: «Entgegen der Auffassung des Beschwerdeführers ist auch die angefochtene Bestimmung der verfassungs- bzw. konventionskonformen Auslegung zugänglich. Insbesondere legt sie nicht fest, dass die Aufzählung von ‹nahen Angehörigen› abschliessend sei. Unter dem Begriff der nahen Angehörigen können somit ohne weiteres auch nichteheliche Lebenspartner subsumiert werden.»

Muss man gegen Freund oder Freundin aussagen?

Ein Lebensgefährte, als Zeuge aufgeboten, kann ohne weiteres gezwungen werden, den Partner in einem Strafverfahren zu belasten. Es ist aber durchaus möglich, gegen diese unmenschliche Paragraphenlogik Widerstand zu leisten.

Da das Strafrecht die eheähnliche Gemeinschaft ebensowenig zur Kenntnis nimmt, wie es das Zivilrecht tut, können zwei in eheähnlicher Verbindung lebende Partner nicht die Spezialregelungen für sich in Anspruch nehmen, die für Verheiratete gelten. Für diese sehen die kantonalen Strafprozessordnungen ein eigentliches Zeugnisverweigerungsrecht vor. Sie müssen gegen eigene Angehörige nicht aussagen.

▶ Die knapp volljährige Manuela T. zieht zu dem schon lange mit ihr befreundeten Ernst W. Von ihm erfährt sie, dass er drei Jahre zuvor ein Verhältnis mit einem noch nicht 16jährigen Mädchen unterhalten hatte. In dem von der früheren Geliebten ausgelösten Strafverfahren wird nun Manuela als Zeugin aufgeboten. Muss sie aussagen und den Freund verraten? ◀

Da nichtverheiratete Lebensgefährten rechtlich nicht als Angehörige gelten, ist die Berufung auf das Zeugnisverweigerungsrecht theoretisch ein untaugliches Mittel. Aber in der Praxis werden Untersuchungsbeamte und Richter dem Gewissenskonflikt Rechnung tragen, in den ein Partner gerät, wenn ihm zugemutet wird, Freund oder Freundin durch Zeugenaussagen ans Messer zu liefern. Nicht immer aber stossen Lebensgefährten im Zeugenstand auf Verständnis. In solchen Fällen sollte man darauf beharren, gleich wie ein verheirateter Zeuge behandelt zu werden, der nicht zur Belastung des Gefährten gezwungen werden kann. Um nicht gegen Partner oder Partnerin aussagen zu müssen, kann man es schlimmstenfalls auf ein Verfahren über die Rechtmässigkeit der Zeugnisverweigerung ankommen lassen.

Ähnliche Widersprüche zwischen Rechtstheorie und Rechtswirklichkeit bestehen bei der Beurteilung falscher Aussagen. Wer als Zeuge wissentlich falsche Aussagen macht, muss mit einem Strafverfahren rechnen. Auf besondere Milde des Gerichts kann er allerdings hoffen, wenn er die Justiz belog, um sich oder einen Angehörigen zu schützen. In Artikel 308 Absatz 2 StGB heisst es dazu: «Hat der Täter eine falsche Äusserung getan, weil er durch die wahre Aussage sich oder seine Angehörigen der Gefahr strafrechtlicher Verfolgung aussetzen würde, so kann der Richter die Strafe nach freiem Ermessen mildern.»

Nach dem zwingenden Wortlaut des Strafgesetzbuches gehören langjährige Lebensgefährten nicht zu den Angehörigen: In Artikel 110 werden als Angehörige abschliessend nur Ehegatten, ihre Verwandten gerader Linie, ihre vollbürtigen und halbbürtigen Geschwister sowie Adoptiveltern und Adoptivkinder aufgezählt, nicht aber Konkubinatspartner. Doch wird der Richter im Ernstfall die besonders enge Beziehung eines Täters zu der von ihm begünstigten Person ohne Zweifel strafmildernd berücksichtigen.

Was geschieht, wenn ein Partner den Lebensgefährten bestiehlt?

Bestiehlt ein Konkubinatspartner den andern, so kann eine gesetzliche Sonderregelung zum Zug kommen und damit ein Strafverfahren vermieden werden.

Auf einem einzigen Gebiet, demjenigen der Vermögensdelikte, hat der blosse Zufall die Konkubinatspartner Eheleuten und anderen Angehörigen gleichgesetzt: Wenn sie ihren eigenen Gefährten bestehlen, können sie mit einem blauen Auge davonkommen. Versöhnen sie sich rechtzeitig mit dem oder der Bestohlenen, so kann eine Verurteilung verhindert werden. Das Opfer des Diebstahls kann auf eine Strafanzeige verzichten oder diese zurückziehen, solange noch kein erstinstanzliches Urteil verkündet wurde. Denn hier spielt Artikel 137 Ziffer 3 StGB, wonach der «Diebstahl zum Nachteil eines Angehörigen oder Familiengenossen» nur auf Antrag, also nicht von Amtes wegen, verfolgt wird. Als das Schweizerische Strafgesetzbuch 1942 in Kraft trat, hat wohl kaum jemand an das damals nur vereinzelt praktizierte Konkubinat gedacht. Aber zusammenlebende Partner sind selbstverständlich als Familiengenossen aufzufassen (StGB Art. 110 Ziff. 3, BGE 86 IV 158).

Das gleiche gilt auch für die Straftatbestände des Betrugs und der Veruntreuung: Da Konkubinatspartner als Familiengenossen gelten,

müssen sie, wenn sie den Lebensgefährten betrogen oder sich ihm gegenüber einer Veruntreuung schuldig gemacht haben, nur dann mit Strafverfahren und Strafurteil rechnen, wenn sie vom geschädigten Partner zur
Anzeige gebracht worden sind.

Kann man die Freundin vergewaltigen?

Eine Konkubinatspartnerin, die von ihrem Gefährten gegen ihren Willen
zum Geschlechtsverkehr gezwungen wird, kann sich mit einer Strafan-
zeige zur Wehr setzen.

Im Bereich des Sexualstrafrechts ist die Lebensgefährtin – wiederum
nicht als Folge gezielter gesetzgeberischer Konsequenz, sondern aus
reinem Zufall – besser geschützt als die Ehefrau: Zu den Requisiten
einer männerbetonten Gesellschaft gehörte es bis vor kurzem, dass der
Straftatbestand der Notzucht, also der Vergewaltigung, nur erfüllt war,
wenn das Opfer eine fremde Frau war; die missbrauchte Ehefrau blieb
ihrem Mann schutzlos ausgeliefert. Mit der letzten Revision des Strafgesetzbuches wurde diese kuriose Auffassung wesentlich entschärft: Neu
kann die Ehefrau, die von ihrem Mann gegen ihren Willen zum
Geschlechtsverkehr gezwungen wird, Anzeige erstatten. Es handelt sich
aber immer noch um ein Antragsdelikt, das nur aufgrund einer Anzeige
des Opfers zu einem Strafverfahren führt. Ob eine missbrauchte Ehefrau
denn auch wirklich den Mut zur Anzeige finden wird, ist fraglich.
    Anders liegen die Dinge beim Konkubinat. Wird die Lebensgefährtin
von ihrem Freund mit Gewalt oder schwerer Drohung zum Beischlaf
gezwungen, so muss der Täter nicht nur auf Antrag, sondern von Amtes
wegen verfolgt werden. Einschränkend gilt allerdings: Erstens ist, wenn
Aussage gegen Aussage steht, ein rechtsgenügender Nachweis des Tatbe-
standes gerade auf dem Gebiet der Sittlichkeitsdelikte alles andere als
leicht. Alarmiert, zweitens, eine vergewaltigte Geliebte die Polizei, so
wird das in der Regel der Auftakt zur Auflösung der Partnerschaft sein.
Die nichtverheiratete Lebensgefährtin wird den Kampf um ihre Men-
schenwürde nur im Bewusstsein aufnehmen, damit das Ende der Verbindung einzuleiten.

Unverheiratete Partner im Opferhilfegesetz

Mit seiner Volksinitiative für die «Entschädigung der Opfer von Gewaltverbrechen» hat der Beobachter dafür gesorgt, dass in der schweizerischen Gerichtspraxis nicht nur der Täter mit besonderem Interesse verfolgt wird, sondern auch dem Opfer eines Verbrechens Gerechtigkeit
widerfährt. Auf den 1. Januar 1993 ist das Opferhilfegesetz in Kraft
getreten. Jetzt wird endlich auch den Menschen Hilfe zuteil, die «durch
eine Straftat in ihrer körperlichen und psychischen Integrität unmittelbar
beeinträchtigt worden» sind. Aber nicht nur die Opfer selbst haben
Anspruch auf Hilfe, auch weitere Personen können anspruchsberechtigt
sein, «der Ehegatte des Opfers, dessen Kinder und Eltern sowie andere
Personen, die ihm in ähnlicher Weise nahe stehen». Dass der Begriff
«Konkubinat» nicht Verwendung findet, ist rechtlich ohne Belang. Zen-
tral bleibt, dass der Gesetzgeber erstmals die Interessen auch der unverheirateten Lebensgefährten wahrgenommen hat.

Leider sind die Kantone, welche die vom Opferhilfegesetz vorgeschriebenen speziellen Beratungsstellen einrichten sollten, noch im Ver-
zug. Aber die Opfer von Gewaltverbrechen (also auch Vergewaltigungs-
opfer) brauchen nicht vorschnell zu resignieren. Vor allem der Anspruch
auf unentgeltliche Beratung kann durchgesetzt werden. Gemäss Opferhilfegesetz gehört zur Beratung auch die Inanspruchnahme ärztlicher,
psychologischer und juristischer Hilfe. Wenn sich ein Opfer nicht in
guten finanziellen Verhältnissen befindet, muss der Staat für die entste-
henden Honorarkosten aufkommen.

Konkubinatsverbote: bewältigte Vergangenheit

*In den ersten Auflagen unseres Ratgebers spielten die Konkubinatsver-
bote, die vor allem in konservativen Kantonen noch bestanden, eine
gewisse Rolle. Dem Moralisieren über die Ehe ohne Trauschein ist aber
seither überall ein Ende gesetzt worden.*

Als 1942 das neue Schweizerische Strafgesetzbuch in Kraft trat, waren
zwar die Vorurteile gegen die Ehe ohne Trauschein noch lange nicht
beseitigt. Aber das Zusammenleben zweier Partner stellt seither – auf
eidgenössischer Ebene – keinen Straftatbestand mehr dar. Trotzdem blieb

es den Kantonen unbenommen, das Konkubinat durch die kantonale
Polizeigesetzgebung unter Strafe zu stellen.

Das Konkubinat im Spiegel des Föderalismus

Noch im Jahr 1981 büsste das Bezirksgericht St. Gallen ein in der gleichen Wohnung zusammenlebendes Paar wegen Verletzung des Konkubinatsverbots. Paragraphenmässig war der Übertretungstatbestand erfüllt.
Die beiden Gebüssten bestritten in keiner Weise, «in ausserehelicher
Geschlechtsverbindung» zu leben, wie es drastisch genug im Gesetz
heisst. Obschon sie also nach dem Wortlaut der einschlägigen Bestimmungen schuldig waren, appellierten sie ans Kantonsgericht, der letzten
Instanz im Kanton St. Gallen. Und diese hat nun das Kunststück eines
Freispruchs zustande gebracht, ohne dem Gesetz Gewalt anzutun, indem
sie die gewandelten gesellschaftlichen Vorstellungen entscheidend mit-
berücksichtigte: Man könne heute im Gegensatz zu früheren Jahren eine
Ehe ohne Trauschein nicht mehr einfach als «öffentliches Ärgernis»
bezeichnen, was früher ausgereicht hatte, um die Bestrafung von Konkubinatspartnern bis hinauf zum Bundesgericht zu rechtfertigen (BGE 71
IV 46).

Der Entscheid des Kantonsgerichts hat die Strafsanktionen gegen
Partner einer Ehe ohne Trauschein praktisch mit einem Schlag beendet.
Die durchschnittlich immerhin neun Verurteilungen, die bis 1980 jedes
Jahr erfolgten, gehören der Vergangenheit an. In der Zwischenzeit ist
denn auch das Konkubinatsverbot aus dem kantonalen Einführungsge-
setz zum Strafgesetzbuch entfernt worden.

Ein Blick auf die Situation in anderen Kantonen führt im übrigen zu
aufschlussreichen Ergebnissen: Die Entkriminalisierung der Ehe ohne
Trauschein hat in den letzten fünfzehn Jahren in allen Landesgegenden
stattgefunden. Doch hat es noch lange Bastionen der Verbotstheorie
gegeben. Im Kanton Glarus konnte noch bis 1984 ein Konkubinat mit
Haft oder Busse bestraft werden, wenn «dadurch öffentliches Ärgernis
erregt» wurde. Bis 1965 konnten dort Konkubinatspartner im Fall von
Armengenössigkeit nach erfolgloser Aufforderung, ihr Liebesverhältnis
aufzulösen, sogar «wegen Ungehorsams gegen amtliche Verfügungen
oder behufs Versorgung in einer Zwangsanstalt beim Polizeigericht ein-
geklagt» werden.

Der Wandel der öffentlichen Meinung in der Beurteilung des Konkubinats wird nicht zuletzt im Kanton Graubünden geradezu mit Händen
greifbar. Im Jahr 1942 war das Konkubinatsverbot wegen der Einführung

des Schweizerischen Strafgesetzbuches dahingefallen. Auf den 1. Januar 1959 wurde es jedoch im Zusammenhang mit einer Revision der Strafprozessordnung neu wieder eingeführt, und zwar mit ungewöhnlich einschneidenden Strafmassnahmen: Blieben zwei Partner trotz polizeilicher Aufforderung, das Verhältnis aufzulösen, beisammen, drohte Haft von einem bis zu drei Monaten und bei Ausländern zusätzlich Landesverweisung. Bereits 16 Jahre später, 1975, wurde das Konkubinatsverbot jedoch wieder aufgehoben.

Eine Besonderheit ist aus dem Tessin zu melden. Dieser mehrheitlich katholische Kanton hob das Konkubinatsverbot bereits vor über hundert Jahren auf, nämlich im Januar 1873. Unter Strafe gestellt blieb seit jenem Jahr im schweizerischen Süden nur noch der Ehemann, «der sich eine Konkubine hält», ein Tatbestand, der nicht «Konkubinat» im Sinn dieses Buches meint. Umgekehrt war im protestantischen Thurgau das Konkubinatsverbot noch bis 1984 in Kraft, wenn auch «nur noch auf dem Papier», wie der Rechtsdienst des Justiz- und Polizeidepartements wissen liess.

Einen kleinen Kommentar verdient die Entwicklung im Kanton Schwyz. Sichtbar klafften dort die Meinungen von Volk und Parlament einerseits und diejenige der Strafjustiz bzw. der Anklagebehörden andererseits auseinander. Als es 1971 darum ging, das Gesetz über das kantonale Strafrecht zu modernisieren, unterlag die Staatsanwaltschaft mit ihrem Antrag auf ersatzlose Streichung des Konkubinatsverbots. Das Parlament hatte sich vom öffentlichen Ankläger nicht überzeugen lassen, obschon dieser kurz und bündig gesagt hatte, warum die Ehe ohne Trauschein nicht mehr als Delikt gelten solle; wörtlich sein Antrag: «Die Auffassungen über die Strafwürdigkeit solcher Verhältnisse dürften sich gewandelt haben. Staat soll sich nicht einmischen. Privatsphäre.» Hier ist mit einem einzigen Stichwort – Privatsphäre – das festgehalten, was man als «juristische Philosophie» unserer Zeit umschreiben könnte: Ein fortschrittliches Gemeinwesen will nicht ohne Not in der Privatsphäre des einzelnen Bürgers herumschnüffeln. Ausserdem ist es praktisch unmöglich, gerechte Massstäbe für die Beurteilung derartiger privater Vorgänge zu finden. Solange jemand andere nicht stört (womit der bereits mehrfach erwähnte Begriff des öffentlichen Ärgernisses umschrieben ist), soll der und die einzelne in den eigenen vier Wänden tun und lassen dürfen, was sie vor sich verantworten können, ohne dass sie sich der selbstgerechten Ächtung durch Mitmenschen und Justiz auszusetzen brauchen.

Solchen Einsichten beugte sich Jahre später auch der Kanton Schwyz; und kurz darauf, nämlich an der Landsgemeinde vom 26. April 1992, hoben schliesslich auch noch die Appenzell-Innerrhödler das längst nicht mehr zur Anwendung gebrachte Konkubinatsverbot formell auf – ein liebenswert konservatives Schlusslicht wie beim Frauenstimmrecht.

Unverheiratetes Zusammenleben: ein Menschenrecht

Es erscheint heute undenkbar, dass irgendwo in der Schweiz versucht werden könnte, gegen zwei Partner vorzugehen, die zusammenziehen, ohne verheiratet zu sein. In solche Fragen der persönlichen Lebensgestaltung hat sich der Staat grundsätzlich nicht einzumischen. Versucht er es trotzdem, so muss von einer flagranten Verletzung der Europäischen Menschenrechtskonvention gesprochen werden. Auf ihre Bestimmungen hat sich auch die Schweiz verpflichtet. In Artikel 8 der Konvention wird festgehalten: «Jedermann hat Anspruch auf Achtung seines Privat- und Familienlebens, seiner Wohnung und seines Briefverkehrs. Der Eingriff einer öffentlichen Behörde in die Ausübung dieses Rechts ist nur statthaft, insoweit dieser Eingriff gesetzlich vorgesehen ist und eine Massnahme darstellt, die in einer demokratischen Gesellschaft für die nationale Sicherheit, die öffentliche Ruhe und Ordnung, das wirtschaftliche Wohl des Landes, die Verteidigung der Ordnung und zur Verhinderung von strafbaren Handlungen, zum Schutz der Gesundheit und der Moral oder zum Schutz der Rechte und Freiheiten anderer notwendig ist.»

Steuern

Die Steuervorteile des Konkubinats werden zusehends kleiner!

Das Konkubinat war in den letzten Jahren ein steuerpolitischer Faktor erster Güte: Noch in den ersten beiden Auflagen unseres Ratgebers wurde auf die massiven Einsparungsmöglichkeiten hingewiesen, die sich zwei heiratswillige Partner durch den Verzicht auf die Eheschliessung verschaffen konnten. Das Bundesgericht hat inzwischen zur Durchsetzung der Rechtsgleichheit Massnahmen ergriffen: Ehepaare sollen nicht höher besteuert werden als Konkubinatspartner. Wie hat sich das in der Praxis ausgewirkt?

Noch zu Beginn der 80er Jahre sperrten sich die Kantone gegen eine Angleichung der Steuerleistung von (vor allem doppelverdienenden) Ehepaaren an diejenige von Konkubinatspaaren. Als beispielsweise die CVP des Kantons Basel-Landschaft aus familienpolitischen Gründen die Benachteiligung der Verheirateten aufheben lassen wollte, legte sich die Regierung im Sommer 1982 quer:

«Es darf bezweifelt werden, ob die Förderung der Familie mit steuerlichen Massnahmen verbessert werden kann. Zum einen würde eine Art ‹Strafsteuer› für Ledige kaum zu einem ‹Heiratsboom› führen. Zum andern liegt es wohl kaum im Sinne der Steuerreformbestrebungen, sozusagen ‹Steuerehen› als attraktiv erscheinen zu lassen. Es wäre höchst bedenklich, wenn angenommen werden müsste, junge Paare gingen die Ehe nur aus steuerlichen Gründen ein. Jedenfalls sollte eine solch schwerwiegende persönliche Entscheidung nicht wesentlich durch die Steuergesetzgebung beeinflusst werden. Es sei denn auch die Behauptung gewagt, dass umgekehrt das Aufkommen des Konkubinats in neuerer Zeit eher auf die sich ändernde Lebensanschauung zurückzuführen ist als auf zugegebenermassen bestehende steuerliche Vorteile.»

Die gesellschafts- und sozialpolitischen Elemente dieser regierungsrätlichen Antwort treffen zum Teil ins Schwarze. Zu vollständigem Umdenken im Bereich der Rechtsgleichheit zwischen Eheleuten und unverheirateten Paaren jedoch wurden die Kantone schon zwei Jahre später, am 13. April 1984, durch einen Entscheid des Bundesgerichts gezwungen (BGE 110 Ia 7). Zwar zögern die Richter in Lausanne nach wie vor mit einer voreiligen «Institutionalisierung» der Ehe ohne Trauschein. Aber die rasante Zunahme der unverheiratet zusammenlebenden

Paare hat einen Sinneswandel der Justiz erzwungen, der sich erstmals in diesem Urteil niederschlägt. Man liest dort den auf das Konkubinat gemünzten Satz: «Gerechtigkeit ist ein relativer Begriff, der sich mit den politischen, sozialen und wirtschaftlichen Verhältnissen wandelt.» Anlass zu dem Urteil gab eine staatsrechtliche Beschwerde, mit der ein Zürcher Ehepaar die massiv grössere Steuerbelastung verheirateter Paare gegenüber derjenigen zweier unverheirateter Partner anzufechten suchte – mit vollem Erfolg. Aus dem Urteil: «Leute mit gleicher wirtschaftlicher Leistungsfähigkeit sollen gleichviel Steuern zahlen.» Das Bundesgericht führt weiter aus: «Bei der heutigen Verbreitung des Konkubinats kann der Steuergesetzgeber dem Vergleich von Ehepaaren mit Konkubinatspaaren nicht mehr ausweichen, und er darf Ehepaare grundsätzlich nicht stärker belasten, weil die Ehe als solche nicht erschwert werden darf und kein Grund zur Besteuerung sein kann …

Es ist nicht die Aufgabe des Steuerrechts, gewissermassen anstelle der mehr und mehr verschwindenden einschlägigen Strafbestimmungen, das Konkubinat zu bekämpfen und die Ehe zu fördern. Soweit sich aber Vorteile, sei es für die Ehe, sei es für das Konkubinat nicht vermeiden lassen, gebietet es die rechtliche Stellung und die soziale Bedeutung der Ehe, dass der Steuergesetzgeber die Vorteile nicht den Konkubinats-, sondern den Ehepaaren zukommen lässt.»

Aufschlussreich ist der zitierte bundesgerichtliche Entscheid deshalb, weil er ungleich stärker von der Realität des Konkubinats bestimmt ist: «Das Konkubinat ist gesellschaftlich weitgehend akzeptiert und keine seltene Ausnahmeerscheinung mehr. Es ist nicht auszuschliessen, dass junge Konkubinatspaare vermehrt auf die Ehe verzichten, je mehr das Konkubinat gesellschaftsfähig wird. Dabei vermögen auch häufiger steuerliche Überlegungen bei der Wahl der Form des Zusammenlebens eine Rolle spielen. Der Steuergesetzgeber hat zwar nicht lenkend einzugreifen; Ungleichheiten bei der Besteuerung sollten aber die Wahl, vor die sich immer mehr Paare gestellt sehen, nicht zu Ungunsten der Institution der Ehe beeinflussen.

Der Steuergesetzgeber hat daher sorgfältig darauf zu achten, dass die von Artikel 4 der Bundesverfassung geforderte Rechtsgleichheit gewahrt bleibt und die Ehepaare nicht mehr Steuern bezahlen müssen als Konkubinatspaare mit gleichem Gesamteinkommen.»

Eine Besonderheit dieses bundesgerichtlichen Entscheids und späterer Urteile ist es, dass zwar die Verletzung des Gebots der Rechtsgleichheit festgestellt, aber darauf verzichtet wurde, die entsprechenden Steuergesetze oder wenigstens die Veranlagungsverfügungen der Beschwerdeführer entsprechend abzuändern. Die Richter in Lausanne wollten erklärterweise nicht übermässig ins Prinzip der Gewaltentrennung eingreifen und hielten fest, es sei nun Aufgabe des Gesetzgebers, der Kantonsparlamente also, die nötigen Schritte zur Angleichung der Steuersätze für (doppelverdienende) Ehepaare einerseits und Konkubinatspartner andererseits einzuleiten. Mit aller Selbstverständlichkeit wurde dabei eine jahrelange Verzögerung der erforderlichen Gesetzesänderungen in Kauf genommen. Am 16. August 1989 hat beispielsweise die Steuerrekurskommission des Kantons Bern festgehalten, die Notwendigkeit einer verfassungskonformen Regelung sei den zuständigen Behörden «spätestens mit der Veröffentlichung des Bundesgerichtsurteils vom 13. April 1984» bewusst geworden; doch sei frühestens auf den 1. Januar 1991 mit dem Inkrafttreten der neuen gesetzlichen Bestimmungen zu rechnen; «das muss wohl angesichts der Komplexität des Problems und wegen der Vielfalt der politisch umstrittenen Lösungsvarianten hingenommen werden» (Die neue Steuerpraxis 12/1989 170).

Am 1. März 1991 musste sich das Bundesgericht erneut mit der Problematik befassen. Es stellte fest, mit dem Gleichheitsartikel der Bundesverfassung sei es unvereinbar, wenn ein Ehepaar mit Kind mehr als zehn Prozent höhere Steuern bezahlen müsse als ein Konkubinatspaar mit Kind in gleichen wirtschaftlichen Verhältnissen. Der Kanton Zürich hat daraufhin zwar kein neues Steuergesetz erlassen, aber Massnahmen ergriffen, so dass Konkubinatspartner zusätzlich belastet werden. Neu werden nämlich Ehepaare mit Kindern nach dem milderen Tarif A besteuert, Konkubinatspaare aber nach dem schärferen Tarif B. Erklärtes Ziel ist es, einen Ausgleich dafür zu schaffen, dass doppelverdienende Ehepaare in höhere Progressionsstufen fallen als Konkubinatspartner, deren Einkommen bekanntlich separat besteuert werden. Familienabzüge werden in Zürich inskünftig den verheirateten Steuerpflichtigen sowie getrennt lebenden, geschiedenen, verwitweten und ledigen Steuerpflichtigen, die ohne Konkubinatspartner mit Kindern zusammenleben, zugestanden. Konkubinatspartner können nur den Betrag für ledige Steuerpflichtige ohne Kinder abziehen. Diese Unterscheidung wird gelegentlich ein unverheiratetes Elternpaar veranlassen, der höheren Besteuerung durch getrennte Wohnungen auszuweichen. Unter Berufung auf die sogenannte Beweislastregel hat die Zürcher Regierung allerdings erklärt, steuermindernde Tatsachen müssten vom Steuerpflichtigen nachgewiesen werden. «Dementsprechend hat im Streitfall der Steuerpflichtige den Nachweis dafür zu erbringen, dass er allein oder allenfalls in einer Wohngemeinschaft lebt, die sich von einem Konkubinatsverhältnis unterscheidet.»

Angesichts der föderalistischen Struktur des schweizerischen Steuerwesens präsentieren sich die Dinge in den verschiedenen Kantonen jeweils anders. Aus guten Gründen konnte die neue Zürcher Praxis aber hier erörtert werden: Sie ist vom Bundesgericht ausgelöst worden und kann sinngemäss auch auf vergleichbare Fragen in anderen Kantonen Anwendung finden. Zu ähnlichen Ergebnissen führten auch Steuergesetzrevisionen in anderen Kantonen. Basel beispielsweise hat das Teilsplitting für Ehepaare eingeführt. Es hat zur Folge, dass die Einkommen beider Ehepartner zur Errechnung der Progression nicht mehr zusammengezählt werden, was eine Annäherung an die Besteuerung von Konkubinatspartnern bringt. Gewisse Unstimmigkeiten werden sich nie völlig beseitigen lassen.

Im übrigen kann es beim Versuch, die Benachteiligung der Ehepaare auszumerzen, zum Teil sogar zu Überkompensationen kommen, so dass beispielsweise in St. Gallen und Schaffhausen mit der Eheschliessung eigentliche Steuervorteile gegenüber den Konkubinatspaaren herausgeholt werden können.

Allzu rappenspalterisches Nachrechnen der steuerlichen Vor- und Nachteile bringt jedoch nicht viel. Wie sehr man sich dabei verrechnen und verschätzen kann, ist von der Steuerverwaltung des Kantons Bern in einem Rekursverfahren vor dem bernischen Verwaltungsgericht festgehalten worden. Unbestritten sei das Ziel der gesetzgeberischen Massnahmen, nämlich gleiche Besteuerung unter gleichen wirtschaftlichen Verhältnissen. Aber es müssten – so wörtlich das entsprechende Urteil (Bernische Verwaltungsrechtsprechung 10/1988 S. 433) – bei dieser Betrachtungsweise die «wirtschaftlichen Nachteile des Konkubinatspaares insbesondere sozialversicherungsrechtlicher Natur in die Überlegungen einbezogen werden». Sterbe ein Ehemann, so stehe der Ehefrau eine AHV-Witwenrente zu. Ebenso habe sie Ansprüche gegenüber der Pensionskasse des Ehemannes. Ein derartiger Versicherungsschutz bestehe für die Konkubinatspartnerin nicht. Schliesslich seien beim Vergleich der wirtschaftlichen Leistungsfähigkeit auch die enormen Belastungsunterschiede zu beachten, welche sich bei Erbschafts- und Schenkungssteuer zugunsten der Ehepartner auswirkten.

Die Auswertung dieser Erkenntnisse führt zu einem eindeutigen Befund: Wenn heute zwei Partner im Konkubinat leben und den Gang

zum Zivilstandsamt nicht unter die Füsse nehmen wollen, so ist das
nach wie vor ihre private Angelegenheit. Aber den Entscheid zugunsten
der Ehe ohne Trauschein wird man je länger desto weniger mit den
damit allenfalls noch verbundenen steuerlichen Vorteilen begründen.
Eheschliessung ja oder nein wegen einer Differenz der Steuerbelastung
in der Grössenordnung von zehn Prozent, das ist keine echte Alternative!

Der Bund missachtet das Bundesgericht

Ein politisch ungewöhnlicher Vorgang kennzeichnet die Situation bei
der direkten Bundessteuer: Zwar hat das Bundesgericht die unterschiedliche Besteuerung von Konkubinatspaaren einerseits und Ehepaaren
andererseits ausdrücklich als verfassungswidrig erklärt. Aber die Eidge-
nossenschaft fühlt sich selber offensichtlich nicht an das Prinzip der
Gleichbehandlung gebunden. Zwar sind in einzelnen Positionen Korrek-
turen vorgenommen worden, die die Schlechterstellung der Verheirateten
mildern. Aber gewisse Unterschiede bleiben bestehen. Vor allem doppelverdienende Ehepaare mit hohen Einkünften werden ganz besonders
geschröpft.

Das eidgenössische Finanzdepartement argumentiert dabei nicht mit
Überlegungen der Rechtsgleichheit, sondern mit handfesten opportuni-
stischen Hinweisen. Offensichtlich will der Bund die vom Bundesgericht
postulierte Rechtsgleichheit nicht herstellen, weil man nicht weiss, wie
man die Mindererträge, die zu befürchten wären, kompensieren könnte:
«Eine weitergehende Annäherung der Steuerbelastung wäre bei der
direkten Bundessteuer nur zu erreichen, wenn den Ledigen eine ganz
erhebliche Mehrbelastung oder aber der Bundeskasse Mindereinnahmen
in Milliardenhöhe zugemutet würden.»

Im übrigen macht das Finanzdepartement auf Schwierigkeiten bei der
Erfassung der Konkubinatspaare aufmerksam, die nicht unterschätzt
werden dürfen: «Es ist kaum denkbar, dass die Steuerbehörden Kontrollen durchführen, um eheähnliche Verhältnisse wie Konkubinate nachzuweisen. Nur der Zivilstand lässt eine einfache Erfassung der Gemeinschaft zu. Alle andern Gruppen, die einen gemeinsamen Haushalt führen
(Wohngemeinschaften, Geschwister, Homosexuellen-Haushaltsgemein-
schaften, Eltern und erwachsene Kinder etc.), können nicht zugeteilt
werden ohne Kontrollen, mit denen ins Privatleben von Einzelpersonen
eingedrungen werden müsste. Man müsste sogar das Recht auf Schutz
der Privatsphäre aufheben, wollte man Konkubinatspaare staatlich eruieren lassen, um sie wie Ehepaare besteuern zu können.» Es bleibt hier

höchstens die Frage, warum das Bundesgericht diese Klippen zu umschiffen vermochte ...

Dass Otto Stich, Vorsteher des Eidgenössischen Finanzdepartements, das Konkubinat nicht als Richtschnur für die Steuergesetzgebung gelten lassen will, lässt sich in seinem an einen aufgebrachten Bürger gerichteten Brief vom 26. November 1992 lesen: «In der Schweiz leben rund 100 000 Konkubinatspaare [es sind allerdings fast 150 000] zusammen. Gegenüber den 1,5 Millionen Ehepaaren und ebenso vielen Alleinstehenden sind die Konkubinatspaare eine Minderheit, welche schwerlich als Massstab für die Gleichbehandlung aller Steuerpflichtigen herangezogen werden kann.»

Wie differenziert der Fragenkomplex betrachtet werden sollte, hat Nationalrätin Vreni Spoerry-Toneatti, Horgen, in der NZZ festgehalten: «Eine vollständige fiskalische Gleichstellung der beiden Gemeinschaften lässt sich unter dem Gesichtspunkt der rechtsgleichen Behandlung kaum erzwingen, weil Konkubinats- und Ehepaare rechtlich unterschiedliche Gebilde sind: Das Konkubinat kennt keine gegenseitigen gesetzlichen Beistandspflichten, keine gesetzlichen Forderungen bei der Auflösung, keine Erbansprüche, keine Leistungen aus Pensionskassen.»

Unverheiratete zahlen weniger Feuerwehrsteuern

Kaum war das Bundesgerichtsurteil bekannt, das die steuerliche Privilegierung der Konkubinatspartner als verfassungswidrig verurteilt, rief ein St. Galler das Bundesgericht wegen der Feuerwehrsteuer an.

Dabei wies er nach, dass bei der Berechnung der Feuerwehr-Ersatzabgabe auch die Einkommens- und Vermögensverhältnisse seiner Ehefrau herangezogen wurden. Er argumentierte, als Konkubinatspartner würde er glimpflicher davonkommen, so dass das Prinzip der Rechtsgleichheit verletzt sei. Tatsächlich hat ja das Bundesgericht erklärt, die Rechtsgleichheit bleibe nur gewahrt, wenn «die Ehepaare nicht mehr Steuern bezahlen müssen als Konkubinatspaare mit gleichen Gesamteinkommen». Aber diese Logik wurde auf die Feuerwehrersatzabgabe nicht angewendet. Im Entscheid vom 19. April 1985 wird erklärt, da die Gesamtbelastung der Feuerwehrsteuer 300 Franken nicht übersteige, könne die angefochtene Regelung «in keinem Fall zu einer unverhältnismässigen Mehrbelastung Verheirateter führen». Unverheiratete Paare werden also weiterhin überall dort besser fahren, wo die Feuerwehr-Ersatzabgabe sich nach den Grundsätzen über die Familienbesteuerung richtet.

Ein weiterer unpublizierter Entscheid des Bundesgerichts (20. Dezember 1985) zum selben Thema: Aufschlussreich ist die Argumentation, mit der die sonst postulierte Gleichstellung von Ehe- mit Konkubinatspaaren als entbehrlich erachtet wird: «Wohl dürfen nach der bundesgerichtlichen Rechtsprechung bei der Erhebung von Abgaben Ehepaare nicht stärker belastet werden als Konkubinatspartner in vergleichbaren wirtschaftlichen Verhältnissen. Die Feuerwehrersatzabgabe, die Fr. 300.– nicht übersteigt, also gerade bei zunehmender wirtschaftlicher Leistungsfähigkeit angesichts des verhältnismässig niedrigen Höchstbetrages weniger ins Gewicht fällt, führt jedoch im allgemeinen zu keiner oder jedenfalls nicht zu einer unverhältnismässigen Mehrbelastung Verheirateter. Auch wenn die beanstandete Regelung unter dem Aspekt der Gleichberechtigung nicht in jedem Einzelfall voll befriedigen kann, erscheint sie nicht verfassungswidrig.»

Steuerliche Mehrbelastungen der Ehe ohne Trauschein

Mehrbelastungen ergeben sich vor allem dann, wenn der eine der beiden Partner nicht oder nicht mehr berufstätig ist.

Dass das Konkubinat nicht in jedem Fall Steuervorteile bringt, sondern unter Umständen auch erhebliche Nachteile, hat die basellandschaftliche Regierung im auf Seite 128 zitierten Bericht festgehalten. Sie erinnerte daran, «dass der Alleinstehende mit Hausgenossin, der gleich viel verdient wie ein Verheirateter, mehr Steuern zahlt, dies, obwohl auch er eine weitere Person von seinem Einkommen ernährt». Soweit die Basler Regierung.

Tatsächlich kann ein Steuerpflichtiger, der mit seiner Gefährtin Tisch und Bett teilt, keine Familienabzüge anbringen. Er muss also einen grösseren Teil seines Einkommens versteuern als der Verheiratete. Die Abzugsmöglichkeiten variieren von Kanton zu Kanton und dürften im Schnitt bei ungefähr 5000 Franken pro Jahr liegen.

Diese Praxis ist auch vom Verwaltungsgericht des Kantons Luzern
(LGVE 1989 Nr. 11) bestätigt worden. Da hatte ein besonders logisch
denkender Steuerpflichtiger eine interessante These aufgestellt: Er berief
sich auf den Umstand, dass er rechtlich als Arbeitgeber seiner Konkubinatspartnerin eingestuft werde und in dieser Eigenschaft ja auch Sozialversicherungsbeiträge zu erbringen habe. Zu diesen Pflichten müssten
nun aber zwangsläufig auch Rechte gehören, insbesondere dasjenige,
die Lohnaufwendungen für seine Partnerin von seinem Einkommen in
Abzug zu bringen. Mit den damit verbundenen Aufwendungen vermöge
er dem gemeinsamen Kind ein familienähnliches Umfeld zu bieten, das
manchen «Trauscheinfamilien» Vorbild sein könne.

Dieser Argumentation wollte und konnte sich das Verwaltungsgericht
Luzern nicht anschliessen: «Das schweizerische Steuerrecht fusst auf
der Vorstellung, dass die Kosten der Lebenshaltung grundsätzlich nicht
zu den bei der Ermittlung des steuerbaren Einkommens abzugsfähigen
Aufwendungen gehören.» Das gelte auch für «die Kosten der Kinderbe-
treuung» und «für das im privaten Haushalt tätige Dienstpersonal»,
abgesehen davon, dass Abzüge ohnehin nur unter den vom Gesetz ausdrücklich vorgesehenen Voraussetzungen zugelassen seien.

Schliesslich sei noch auf eine weitere steuerliche Benachteiligung
von Konkubinatspaaren hingewiesen: Eheleute, die ja gemeinsam veranlagt werden, können die Einkommensverluste des einen Partners mit
Einkünften des anderen verrechnen; Analoges trifft für ihr Vermögen
und ihre Schulden zu. Konkubinatspaaren wird dieser Ausgleich nicht
zugestanden. Verdient ein Teil übermässig viel und der andere wenig
oder nichts, bleibt dies ohne jede Wirkung auf die hohe Progressionsstufe,
mit welcher der Grossverdiener konfrontiert ist.

Damit bleibt, wie man es auch dreht und wendet, eine Tatsache bestehen: Der fehlende Trauschein bringt den Konkubinatspaaren, von denen
nur der eine Partner berufstätig ist, in vielen Bereichen auch steuerliche
Nachteile. Dass nichtverheiratete Paare auch ungleich höhere Schen-
kungs- und Erbschaftssteuern als Eheleute zu bezahlen haben, wird im
letzten Abschnitt des Kapitels «Schenken und Vererben» nachgewiesen.

Nicht erwerbstätige Partner
als Hausmann oder Hausfrau

Ein besonderes Ärgernis für viele Konkubinatspaare ist die Besteuerung von Partnerinnen oder Partnern, die keine Erwerbstätigkeit nachgehen, sondern in der eheähnlichen Gemeinschaft als Hausfrau oder Hausmann tätig sind. Auch wenn der den Haushalt führende Partner keinen Lohn bezieht, sind Kost und Logis – ganz im Gegenteil zu der Regelung für die nicht berufstätige Ehefrau – als sogenannte Naturalleistungen steuerpflichtig. In städtischen Verhältnissen wird ein Jahreseinkommen in der Grössenordnung von mindestens 8000 Franken angenommen. Dieses «Einkommen» als Haushälterin ist AHV-pflichtig; die entsprechenden Beiträge sind, zum mindesten theoretisch, zur Hälfte aus der eigenen Tasche, zur andern aus derjenigen des Freundes in seiner Eigenschaft als «Arbeitgeber» zu bezahlen.

Man sollte den Appetit der Steuerbehörden auf das «Haushälterinnen-Einkommen» einer Gefährtin oder des Hausmannes allerdings nicht vorschnell verurteilen. Denn im Kapitel über AHV-Fragen (Seite 91) wird nachgewiesen: Mit der Versteuerung des Einkommens und der Abführung der geschuldeten AHV-Beiträge kann eine in eheähnlicher Gemeinschaft lebende, nicht berufstätige Person einer sonst wegen fehlender Beitragsjahre unausweichlich drohenden Rentenkürzung vorbeugen.

Wer haftet für Steuerschulden?

Rechtsungleich, aber nicht rechtswidrig ist die Praxis, dass Eheleute für die Steuerschulden ihres Ehepartners aufkommen müssen, Konkubinatspartner aber nicht. Die Begründung dieses Sachverhalts ist einfach: Der umfassende Beistand, den die Ehepartner sich gegenseitig aufgrund des Eherechts zu leisten verpflichtet sind, kann von einem Konkubinatspartner allenfalls unter moralischen, nicht aber unter rechtlichen Gesichtspunkten verlangt und durchgesetzt werden. Und so ist es durchaus denkbar, dass beispielsweise der nicht verdienende Teil einer eheähnlichen Gemeinschaft zwar für sein «Einkommen» aus Kost und Logis besteuert wird, dass er aber die Steuerrechnung mangels eigener Mittel schuldig bleibt. Der erwerbstätige Partner kann dann nicht zur Bezahlung dieser Steuerschulden herangezogen werden. Das gilt auch für Steuern aus normalem Erwerbseinkommen. Auch hier haftet grundsätzlich jeder Konkubinatspartner ausschliesslich für das, was er selbst verdient.

Was ist bei Aufgabe der Erwerbstätigkeit zu beachten?

Gibt ein Steuerpflichtiger oder eine Steuerpflichtige die Erwerbstätigkeit auf, so sollte zur Vermeidung einer ungerechten Besteuerung eine Zwischenveranlagung verlangt werden. Konkubinatspartner können dabei auf Schwierigkeiten stossen.

Eine Direktbetroffene schildert ihre Erfahrungen: «Ich bin eine geschiedene Frau und war bis Jahresende neben der Haushaltführung berufstätig. Nach einer Operation musste ich meine Stelle aufgeben; ich führe nur noch für meinen jetzigen (nicht mit mir verheirateten) Mann den Haushalt. Wegen der Berufsaufgabe habe ich die Steuerkommission um eine Zwischenveranlagung gebeten und dokumentierte mein Gesuch mit einem ärztlichen Zeugnis. Doch wurde ich abgewiesen.»

Dass die Zwischenveranlagung verweigert wurde, hatte schwerwiegende Folgen, musste doch die Steuerpflichtige Steuern für ein gar nicht erzieltes Einkommen bezahlen, ohne sich dagegen zur Wehr setzen zu können. Im massgebenden Entscheid hielt die Veranlagungsbehörde fest, eine Zwischenveranlagung sei zwar tatsächlich möglich, «wenn ein Ereignis eintritt, das eine dauernde Änderung des Einkommens bewirkt». Doch fehle diese Voraussetzung im vorliegenden Fall; dann wörtlich: «Die Erwerbsaufgabe einer unverheirateten Person im Alter von 54 Jahren kann nach allgemeiner Lebenserfahrung ohnehin nur vorübergehenden, nicht aber dauernden Charakter haben und vermag deshalb nach Gesetz und Rechtsprechung keine Zwischenveranlagung zu begründen.»

Wäre die Frau mit ihrem Partner eine Ehe eingegangen, hätte unter gleichen Voraussetzungen die Gemeinde die Zwischenveranlagung zulassen müssen. Man hätte sich auf die gegenseitige Unterstützungspflicht der Ehepartner berufen, darauf also, dass für den Lebensunterhalt des einen Teils gesorgt sei, wenn der andere nicht berufstätig ist. Dem nichtverheirateten Gefährten traut man nun offensichtlich eine vergleichbare Fürsorge trotz eheähnlich gelebter Gemeinschaft nicht zu und behandelt die Gefährtin wie eine Alleinstehende. Es ist allerdings fraglich, ob diese Praxis Bestand hätte, wenn die Steuerpflichtige den Rechtsweg beschritte. Denn in anderen Bereichen der Rechtsprechung wird die Ehe ohne Trauschein mindestens teilweise berücksichtigt, wie das unter anderem aus den in den Kapiteln «Namensänderung» und «Rentenehe» geschilderten bundesgerichtlichen Entscheiden hervorgeht.

Im übrigen belegt der geschilderte Fall, dass das Konkubinat in der Rechtsprechung vor allem dann berücksichtigt wird, wenn dies dem Staat Vorteile bringt. Sind Fürsorgeleistungen zu zahlen, wird das Einkommen des Konkubinatspartners mindestens zum Teil in die Rechnung mit einbezogen. Im vorliegenden Fall, wo es zum Vorteil der Steuerzahlerin wäre, lässt man das Konkubinat ausser Betracht.

Kinderabzüge im eidgenössischen Steuerdschungel

Gesamteidgenössische Regelungen gibt es bekanntlich im Steuerrecht nicht; vielmehr besteht ein eigentlicher föderalistischer Steuerdschungel, gegen den das Bundesgericht angesichts der kantonalen Autonomie nur in Extremfällen einschreitet. Die Bemühungen zur steuerlichen Gleichstellung von Ehe- und Konkubinatspaaren haben sogar dazu geführt, dass in vielen Fällen Konkubinatspartner gegen eine übermässige Belastung durch den Fiskus kämpfen müssen.

Wie sehr die Dinge im Fluss sind, zeigt beispielhaft der Kanton Aargau. Im früheren Steuergesetz wurden Konkubinatspaare mit gemeinsamen Kindern ähnlich behandelt wie Ehepaare: Der berufstätige Partner mit eigenem Einkommen konnte Anspruch auf den günstigen Tarif B erheben. Das neue Steuergesetz hat hier eine Korrektur gebracht, welche die Ehe ohne Trauschein benachteiligt. Neu kommt der Tarif B dem Inhaber der elterlichen Gewalt zu und nicht mehr dem Partner, der den überwiegenden finanziellen Beitrag zum Unterhalt der Kinder beisteuert. Diese Regelung wird für viele unverheiratete Paare markante steuerliche Mehrbelastungen bringen. Sie müssen akzeptiert werden, zumal das Bundesgericht in anderem Zusammenhang die Auffassung vertreten hat, der Stand der Ehe sei gegenüber unverheirateten Paaren steuerlich zu bevorteilen.

Ähnliche Regelungen des Kantons Genf hat das Bundesgericht am 24. Januar 1992 ausdrücklich als zulässig erklärt (BGE 118 I 1). Es sei nicht willkürlich, wenn der für Verheiratete geltende günstige Steuertarif Ledigen (sowie Verwitweten und Geschiedenen) nur dann zugesprochen werde, wenn sie für ein Kind sorgen, für das sie auch die elterliche Gewalt innehaben. Aufschlussreich ist dieser Entscheid deshalb, weil er sich mit der unbefriedigenden rechtlichen «Nichtexistenz» der Ehe ohne Trauschein befasst. Wörtlich: «In der Schweiz stellen Konkubinatspartner aus rein praktischen Gründen keine eigene Kategorie von Steuerpflichtigen im gegenwärtigen Steuerrecht dar. Sie werden getrennt besteuert wie alleinstehende Personen, und es wird der tatsächlichen Gemeinschaft nicht Rechnung getragen, in der sie leben, so dass jeder für sein eigenes Einkommen besteuert wird und kein Ausgleich stattfinden kann zwischen Einkommen und Einkommenseinbussen.»

Dass schematische Lösungsansätze nicht zum Ziel führen können, erkennt das Bundesgericht im gleichen Urteil ohne Einschränkung an: «Im Vergleich zum verheirateten Paar, dessen Einkommensteile zusammengezählt und so besteuert werden, hängt die fiskalische Belastung der Konkubinatspartner von der Verteilung der Einkommen auf die beiden Partner ab. Erzielen sie ähnlich hohe Einkommen, sind sie steuerlich begünstigt. [Dadurch nämlich, dass sie nicht wie die Verheirateten in eine höhere Progressionsstufe kommen.] Je mehr aber ihre Einkommen auseinanderfallen, desto geringer fällt der steuerliche Vorteil aus. Es kann sogar vorkommen, dass die gesamte Steuerbelastung des Konkubinatspaares wesentlich höher ausfällt als diejenige eines verheirateten Paares, insbesondere dann, wenn nur einer der Partner für den Unterhalt der Familie aufkommt.»

Am 13. November 1990 hat auch das thurgauische Finanzdepartement einen Entscheid gefällt, der den Konkubinatspaaren wenig freundlich gesinnt war. Da hatte ein Steuerpflichtiger ein Steuererlassgesuch eingereicht und zur Errechnung seines Existenzminimums auch die Beträge hinzugezählt, die er für den Unterhalt seiner unverheirateten Partnerin und des gemeinsamen Sohnes aufwendete. In Frauenfeld gab es ein dezidiertes Nein; es macht den roten Faden unseres Ratgebers deutlich, die Tatsache nämlich, dass die Ehe ohne Trauschein rechtlich nicht verankert ist und die Partner gesetzlich nicht zu gegenseitiger Unterstützung verpflichtet werden können. Wörtlich im Entscheid: «Die Krankenkassenprämien für seinen Sohn sowie für seine Freundin dürfen nicht im Notbedarf einberechnet werden. Mangels Unterhaltspflicht sind Zuwendungen zugunsten seiner Freundin im Rahmen der Festlegung des Notbedarfs nicht anzuerkennen.» Da weitere, stichhaltigere Gründe den Teilerlass von Steuern unmöglich machten, zog der Betroffene den Entscheid nicht weiter. Früher oder später werden aber Konkubinatspart-

ner in vergleichbarer Situation die Rechtsmittel ausschöpfen, um die in
gewissen Bereichen erreichte Gleichstellung von unverheirateten und
verheirateten Partnern durchzusetzen.

   Dass Konkubinatspartner als Steuerpflichtige nicht vorschnell resignieren sollten, belegt ein Fall aus dem Kanton Basel-Land. Hier wie
anderswo sorgen die einschlägigen Bestimmungen dafür, dass der Kinderabzug nur einem der beiden Partner zugestanden wird und zwar in
der Regel demjenigen, zu welchem das Kind die engere Beziehung
unterhält. Im vorliegenden Fall war das die Mutter. Doch erwies sich
die ihr zustehende Abzugsmöglichkeit als illusorisch. Ihr spärliches Einkommen liess eine Besteuerung überhaupt nicht zu, so dass der theoretisch mögliche Kinderabzug ohne Wirkung blieb. Erst die Steuerrekurskommission entschied, dass unter solchen Umständen der Abzug dem
Partner und Vater der zwei gemeinsamen Kinder zustehe. Wörtlich aus
dem Entscheid vom 2. Februar 1990: «Dies findet seine Rechtfertigung
in der Tatsache, dass die durch die Kinder verursachte wirtschaftliche
Mehrbelastung bei Ehepaaren und Konkubinatspartnern gleich gross ist.
Es ist deshalb auch nicht einzusehen, warum bei Konkubinatsverhältnis-
sen die Vornahme des Kinderabzugs erschwert – oder im Falle von
Einverdiener-Konkubinatsverhältnissen – sogar gänzlich verhindert werden sollte.»

Wo zahlen Konkubinatspaare Steuern?

*Vor allem junge Leute behalten, wenn sie auswärts arbeiten, den zivil-
und damit auch steuerrechtlichen Wohnsitz am angestammten Wohnort.
Mieten sie am Arbeitsort ein Zimmer oder eine Kleinwohnung, so begründen sie am Ort des Wochenaufenthalts lediglich einen steuerlich bedeu-
tungslosen Zweitwohnsitz. Das verändert sich schlagartig mit einem
Konkubinat.*

▶   Eine 25jährige Krankenschwester lag mit den Kantonen Thurgau
und St. Gallen im Clinch, weil beide Anspruch auf ihre Steuerleistungen
erhoben. Zusammen mit ihrem Freund war sie nach Frauenfeld in eine
kleine Zweizimmerwohnung gezogen, hatte aber ihre Schriften weiterhin
in Wil SG, dem Wohnort ihrer Eltern, belassen. Sie machte geltend, sie
halte sich in ihrer Freizeit vorwiegend in Wil auf. ◀

Das Bundesgericht liess dieses Argument nicht gelten (StE 7/1988). Massgebend für die Festlegung des zivil- und steuerrechtlichen Wohnsitzes ist die Frage, wo sich der eigentliche Mittelpunkt der Lebensinteressen eines Steuerpflichtigen befindet: «In der Regel wird die persönliche Beziehung jüngerer Erwachsener zum Konkubinatspartner, mit dem sie einen gemeinsamen Haushalt führen, stärker zu gewichten sein. Die Steuerbehörde am Arbeitsort (oder einem in der Nähe des Arbeitsortes gelegenen gemeinsamen Wohnort) darf davon ausgehen, dass sie sich von der persönlichen Bindung an das Elternhaus und die elterliche Familie gelöst und selbständig neue persönliche Beziehungen aufgebaut haben.» Ergänzend hebt das Bundesgericht hervor, die junge Frau habe bei Antritt ihrer Arbeit in Frauenfeld mit ihrem Freund einen gemeinsamen Haushalt «in einer von ihnen mit eigenen Möbeln ausgestatteten Wohnung» aufgenommen. Als Lebensmittelpunkt und steuerrechtlicher Wohnsitz komme daher nur Frauenfeld in Frage. Der Kanton St. Gallen und die Gemeinde Wil gingen dementsprechend leer aus und mussten sich sagen lassen, sie hätten lediglich aus fiskalischen Interessen am Steuerdomizil der Krankenschwester in Wil festgehalten.

Ähnliche Erfahrungen machte ein Steuerpflichtiger, der zusammen mit Geschwistern und Mutter ein landwirtschaftliches Heimwesen im Kanton Solothurn bewirtschaftete, seine Freizeit jedoch überwiegend bei seiner im Kanton Bern wohnhaften Freundin zubrachte. Seiner Auffassung, er sei trotzdem weiterhin im Kanton Solothurn steuerpflichtig, folgten der Kanton Bern und das Bundesgericht nicht; dieses führte im Gegenteil aus (PRA 3/1990 Nr. 60): «Nach den Feststellungen der Steuerbehörde lebte er mit seiner Freundin im Konkubinat. Es liegt nichts vor, was gegen diese Feststellung spricht. Dementsprechend hatte der Beschwerdeführer den Mittelpunkt seiner Lebensinteressen und damit seinen Wohnsitz nach U. (im Kanton Bern) verlegt ... Dem Umstand, dass er seine Schriften in N. (Kanton Solothurn) hinterlegt hatte, kann keine wesentliche Bedeutung zukommen. Nach der ständigen Rechtsprechung des Bundesgerichts ergibt sich die Stärke der Beziehung einer Person zu einem Ort nicht aus irgendwelchen formellen Merkmalen, etwa der polizeilichen Anmeldung, sondern aus der Gesamtheit der tatsächlichen Gegebenheiten.»

Einmal mehr ist jedoch wieder auf einen heiklen Punkt der «Konkubinatspolitik» hinzuweisen: Weil verbindliche gesetzliche Normen fehlen, wird jeder Fall individuell behandelt. Scheinbar nebensächliche Einzelheiten können zu Verschiebungen der Gerichtspraxis führen. Ein Beleg:

Beinahe identisch wie in den beiden vorerwähnten Fällen schienen die
Dinge zu liegen bei einem Krankenpfleger, über dessen Steuerleistung
sich die Kantone Basel-Stadt und Luzern stritten. Auch er hatte zusammen mit seiner Freundin in Basel eine gemeinsame Wohnung bezogen.
Trotzdem anerkannte schliesslich das Bundesgericht das Fortbestehen
des luzernischen Steuerdomizils. Der Wortlaut des Urteils macht die
dabei zur Anwendung gelangten Kriterien deutlich: «Im vorliegenden
Fall ist der Beschwerdeführer von seinem Ausbildungs- und Arbeitsort
Basel regelmässig nach Luzern zurückgekehrt, wie er mit entsprechenden
Bahnbilleten belegt. Die Steuerverwaltung des Kantons Basel-Stadt
bestreitet nicht, dass er sich zwischen März 1984 und März 1985 an
144 Tagen in Luzern oder Umgebung aufgehalten hat. Er hat also seine
Freizeit nicht in Basel, sondern in Luzern und der Umgebung von Luzern
verbracht. Diesem Umstand kommt um so mehr Bedeutung zu, als Basel
während der hier umstrittenen Zeit nicht Arbeitsort, sondern Aufenthaltsort zum Zweck der Ausbildung als Psychiatriepfleger war.» Dass die
Begründung eines Konkubinats in Basel ohne Einfluss auf das Steuerdomizil bleiben konnte, wird damit begründet, «dass der Beschwerdeführer
seine affektive Bindung zum Familienort Luzern nicht nur durch regelmässige Rückkehr an seinen Freitagen und während der Ferien, sondern
auch dadurch bezeugte, dass er seine Arbeitsstelle während seines insgesamt 7jährigen Aufenthaltes in Basel im Februar 1981 aufgab, um in
Luzern seine Mutter bis zu deren Tod im September des gleichen Jahres
zu pflegen». Trotz dieses (nicht publizierten, vom 14. Juli 1987 datierten)
Entscheides werden Konkubinatspartner aber davon ausgehen müssen,
dass der Bezug einer gemeinsamen Wohnung in der Regel auch die
Begründung eines entsprechenden Steuerdomizils mit sich bringt.

Wie die hier behandelten Fälle belegen, kann es einem Steuerpflichtigen blühen, dass er von zwei Kantonen veranlagt wird, dass er also,
um die in der Verfassung ausdrücklich verbotene Doppelbesteuerung zu
vermeiden, den Rechtsweg beschreiten muss. Dazu ein wichtiger Hinweis: In solchen Fällen kann staatsrechtliche Beschwerde ans Bundesgericht erhoben werden, ohne dass der sogenannte kantonale Instanzenzug
erschöpft worden wäre. Man muss sich also nicht durch die kantonalen
Instanzen durchkämpfen, sondern kann direkt ans Bundesgericht gelangen. Voraussetzung für die Behandlung der Beschwerde: Sie muss spätestens innert dreissig Tagen seit Eintreffen der zweiten Veranlagungsverfügung beim Bundesgericht eingereicht werden und zwar unter Berufung
auf das in Artikel 46 Absatz 2 der Bundesverfassung enthaltene Verbot

der Doppelbesteuerung und auf Artikel 4 über die Rechtsgleichheit. Aus naheliegenden Gründen sollten im übrigen möglichst alle Belege aufbewahrt werden, die das Aufrechterhalten des ursprünglichen Wohnorts als Lebensmittelpunkt zu dokumentieren vermögen: Fahrkarten, Quittungen über Einkäufe, Zahnarzt- und Arztrechnungen, Unterlagen über die Mitgliedschaft in Vereinen usw. Da keine kniffligen Rechtsfragen, sondern in erster Linie Sachfragen zur Diskussion stehen, braucht man nicht unbedingt einen Anwalt beizuziehen. Der Luzerner Psychiatriepfleger jedenfalls erzielte seinen Erfolg gegen den Kanton Basel-Stadt auf eigene Faust!

Weltanschauliches

Was sagt die protestantische Kirche?

Im schweizerischen Protestantismus gibt es keine einheitliche Meinung zum Konkubinat. Doch wird jeder, der sich der Kirche verbunden fühlt, mit Interesse die zum Teil gegenläufigen Auffassungen zur Kenntnis nehmen.

Christliches Zusammenleben: nicht vom Trauschein abhängig

Im Oktober 1982 hat die Diskussion über das Konkubinat in der Schweiz eine ungewöhnliche konfessionelle Dimension angenommen. Der «Kirchenbote für die evangelisch-reformierten Kirchen Basel-Land, Basel-Stadt, Glarus, Schaffhausen, der Diaspora der Zentralschweiz und im Kanton Solothurn» widmete dem Thema eine ganze Nummer und zeigte sich von der liberalsten Seite. Ohne Vorbehalt würdigte Professor Heinrich Baltensweiler, Pfarrer in Binningen, das Konkubinat in seinem Leitartikel als eine Gemeinschaft zweier Menschen, die, christlich gelebt, durchaus der Ehe gleichgesetzt werden könne. In bewusst unsentimentaler Nachzeichnung der gesellschaftlichen Veränderungen unserer Zeit nannte Baltensweiler die Gründe, die für die Gleichstellung der Ehe ohne Trauschein mit der kirchlich abgesegneten sprechen:

«Durch die auch von der älteren Generation immer mehr als normal akzeptierte Scheidungsmöglichkeit hat die traditionelle Ehe ihren Charakter als unauflösliche Lebensgemeinschaft zwischen Mann und Frau eingebüsst. Das Versprechen ‹bis der Tod Euch scheide› wird heute oft nicht mehr als Gelübde, sondern nur noch als guter Vorsatz aufgefasst. Damit wird gerade das, was eine Ehe bisher von einer Partnerschaft ohne Trauschein konstitutiv unterschieden hat, aufgegeben.»

Folgerichtig erklärt denn auch Baltensweiler, die Erfüllung des Gesetzes Christi, hier vor allem das Einander-Dienen und Füreinander-Einstehen, lasse sich in einer Partnerschaft ohne Trauschein genauso verwirklichen wie in der herkömmlichen Ehe. Und so könne man genauso von einem «christlichen Konkubinat reden, wie man von einer christlichen Ehe redet».

Professoraler Protest

Dieser freimütige und unkomplizierte Versuch, das Konkubinat gleichberechtigt neben der Ehe in den christlichen Lebensraum zu integrieren, darf freilich nicht als verbindliche, die gesamte Kirche bindende Aussage gelten. Vielmehr bestätigt sich an diesem Vorgang Stärke und Problematik des Protestantismus; seine Stärke, indem er offen ist für vorurteilsloses Eingehen auf neue Zeitströmungen, seine Problematik insofern, als er an keine dogmatischen, für alle Gläubigen in gleicher Weise geltenden Grundsätze gebunden ist.

Das zeigte sich in den Reaktionen von protestantischer Seite auf die Konkubinatsbotschaft des «Kirchenboten». Vom Knistern im Blätterwald sei hier nicht die Rede, aber von einer aufschlussreichen Intervention eines anderen Basler Professors: Ein an der juristischen Fakultät lehrender Rechtsprofessor, der inzwischen verstorbene Johannes Georg Fuchs, reichte dem Kirchenrat des Kantons Basel-Stadt eine Interpellation ein, in der es heisst:

«Einzelne Pfarrer gehen gelegentlich nicht mit der erforderlichen Umsicht vor, wenn sie sich zu umstrittenen Fragen der christlichen Ethik in der Öffentlichkeit äussern; sie sollten vermehrt auf die Vielfalt der Meinungen in der Volkskirche und namentlich auf die andersdenkenden Kirchenglieder Rücksicht nehmen ... Es geht hier um die zentrale Frage des christlichen Eheverständnisses, bildet doch die Familie die Zelle des Gottesvolkes und ist Grundelement unserer Gesellschaftsordnung.»

Die Interpellation wie auch die vorausgegangene Stellungnahme des «Kirchenboten» wurden in der Folge von der Synode sehr subtil behandelt. Es gab, wie zu erwarten, weder ein schroffes Nein noch ein vorbehaltloses Ja zum Thema Konkubinat. Der Vorgang bleibt von allgemeiner Bedeutung, weil er deutlich macht, dass das Thema der Ehe ohne Trauschein für die protestantische Kirche alles andere als abgeschlossen ist.

Dilettanten der Liebe

Zur gleichen Schlussfolgerung gelangt man auch, wenn man auf den einflussreichsten «Papst» des schweizerischen Protestantismus zurückgreift, auf Professor Karl Barth. Der für das Thema Konkubinat entscheidende Band III/4 seiner «Dogmatik» ist im Jahr 1951 herausgekommen, zu einer Zeit also, in der die Konkubinatsdiskussion noch kaum begonnen hatte.

Karl Barth, alles andere als ein sittenstrenger Frömmler, gestaltete seine Ausführungen zum Thema zu einem eigentlichen Hymnus auf die Ehe. Er fühlte sich ihrem sakramentalen Charakter offensichtlich näher als seine Glaubensbrüder der Gegenwart. Einige Zitate sollen das belegen: «Was wäre denn eigentlich die Ehe, wenn sie sich nicht als dauernd, wenn sie sich als ‹Kameradschaftsehe›, als ‹Ehe auf Zeit› auf irgendeine

von den beteiligten Menschen begrenzbare Probezeit verstehen würde?
An die Stelle der Liebe träte dann offenbar die prinzipielle und andau-
ernde Liebelei …, ein jeder eigentlichen Disziplin entbehrendes Experi-
mentieren … Es waren Dilettanten der Liebe und der Ehe, die den
Begriff der Zeitehe erfinden konnten. Er bricht in sich zusammen, sobald
man ihn zu realisieren versucht.»

Karl Barths Horizont war allerdings zu weit, um eine Verallgemeine-
rung dieser Art einfach stehenzulassen. Ein paar Seiten weiter schreibt
er im Zusammenhang mit dem Konkubinat, von der «echten starken,
ganzen Liebe auch in Verhältnissen, die … in ihrer ganzen Bruchstück-
haftigkeit auch nicht nur Sünde und Schande sind, des ehelichen Charakters auch nicht einfach entbehren müssen». Mit diesen Bemerkungen
hat Barth übergeleitet zu der von ihm damals erst in Umrissen erkennba-
ren späteren Entwicklung der Dinge: Die Absage an die Ehe ohne
Trauschein einerseits und das Zugeständnis, dass sie unter Umständen
einer Ehe gleichkommen könne, markieren seither die Weite des Raumes,
in dem das Thema von der evangelisch-reformierten Kirche erörtert wird.

Im Frühsommer 1985 hat der Kirchenrat der evangelisch-reformierten
Landeskirche einen dem Konkubinat und seiner Problematik gewidme-
ten Bericht publiziert, der die oben skizzierten Tendenzen bestätigt und
unterstreicht. Aus der Zusammenfassung: «Aus der Sicht evangelischer
Ethik können, was die Beziehung zwischen Mann und Frau betrifft,
sowohl in der Ehe als auch im Konkubinat die hier dargestellten ethi-
schen Werte gesucht und gelebt werden. Insofern kann … eine christliche
Lebensgemeinschaft auch im Konkubinat gestaltet werden.»

Was sagt die katholische Kirche?

*Im Katholizismus werden Lehrmeinungen im allgemeinen rigoros durch-
gesetzt. Und doch gibt es gerade bei der Beurteilung des Konkubinats
aufschlussreiche Nuancen.*

Warum «Rom» bremsen muss

Die grosszügige und liberale, von manchen Kritikern als zu konzeptlos
empfundene Haltung der reformierten Kirche gegenüber dem Konkubinat ist in der römisch-katholischen Kirche nicht denkbar. Diese Unbe-
weglichkeit der katholischen Kirche hat etwas mit ihrer Struktur zu tun,
insbesondere damit, dass die Macht der Tradition hier ungleich beherr-

schender geblieben ist als in den übrigen christlichen Konfessionen. Aussenstehende mögen das missdeuten als Ausdruck des sinnentleerten Diktats dieser Tradition. Aber so einfach liegen die Dinge auch wieder nicht: Im Zentrum des katholischen Glaubens stehen die Sakramente, nach der Überzeugung der Gläubigen gottgeweihte, geheiligte Vorgänge – das Sakrament der Taufe, der Ehe, des Abendmahls, die Sterbesakramente –, die nicht beliebig umgedeutet, geändert oder abgeschwächt werden können, will man nicht das ganze Gebäude kirchlicher Lehre gefährden. In diesem Zusammenhang spielt auch die Ehe eine zentrale Rolle.

Hartes Nein des Papstes

Von diesen Grundlagen muss man ausgehen, um «Rom» in seiner Ablehnung des Konkubinats zu verstehen. Papst Johannes Paul II. kann seine Herkunft aus dem erzkatholischen Polen nicht verleugnen. In einem vom November 1981 datierten «Apostolischen Schreiben über die Aufgaben der christlichen Familien in der Welt von heute» bezeichnet er die «Ehe auf Probe» als eine Art irreguläre Situation, als ein «Expriment, wo es um menschliche Personen geht, deren Würde verlangt, dass sie für immer ausschliesslich das Ziel liebender Hingabe sind, ohne jegliche zeitliche oder sonstige Begrenzung». Und in betont theologischer Ausdrucksweise doppelt er nach: «Die leibliche Hingabe in der geschlechtlichen Begegnung ist ja ein Realsymbol für die Hingabe der ganzen Person; eine solche Hingabe kann aber in der gegenwärtigen Heilsordnung nur aus der Kraft der übernatürlichen Liebe, wie Christus sie schenkt, wahrhaft verwirklicht werden ... Zwischen zwei Getauften kann es deshalb nur einen unauflöslichen Ehebund geben.»

In der Konsequenz dieser Auffassung liegt es, dass der Papst im Zusammenhang mit dem Konkubinat ausdrücklich auf die «ernsten Folgen in religiös-sittlicher Hinsicht» hinweist, insbesondere auf das «Fehlen der sakramentalen Gnade und auf das schwere Ärgernis». Sein apostolisches Schreiben schliesst mit dem lapidaren Hinweis, kirchlich nicht getraute Partner dürften «von den Hirten der Kirche leider nicht zu den Sakramenten zugelassen werden».

Nun kann sich die sittenstrenge Ablehnung der nicht kirchlich abgesegneten Lebensgemeinschaft in der Praxis allerdings immer weniger durchsetzen. Johannes Paul II. selbst weiss um die Problematik der Verketzerung der Konkubinatspartner. Deshalb spricht er von der Pflicht der Seelsorger und der kirchlichen Gemeinschaft, «diskret und taktvoll mit denen Kontakt aufzunehmen, die zusammenleben, und … darauf hinzuwirken, dass ihnen der Weg gebahnt werde, ihre Situation zu ordnen». Und er räumt ein, dass in gewissen Regionen der Welt «unzureichende sozio-ökonomische Strukturen» die Eheschliessung zweier sich liebender junger Leute erschweren können.

Im neuen «Katechismus der Katholischen Kirche», wird die kompromisslose Haltung Roms gegenüber der Ehe ohne Trauschein überdeutlich. Die Kirche bleibt, gebannt von ihrer jahrhundertelangen Tradition, stehen und ist nicht bereit, Konzessionen an den Wandel der Gesellschaft zu machen. Was zum Thema Ehe ohne Trauschein geschrieben wird, geht offensichtlich nicht auf eine Auseinandersetzung mit unserer Zeit zurück, sondern beansprucht zeitlose Gültigkeit: «Ein Verhältnis liegt dann vor, wenn ein Mann und eine Frau sich weigern, ihrer auch in die sexuelle Intimität eingreifenden Beziehung eine öffentliche Rechtsform zu geben. Der Ausdruck ‹freie Liebe› ist trügerisch: Was kann ein Liebesverhältnis bedeuten, bei dem die beiden Partner keine gegenseitigen Verpflichtungen eingehen und damit bezeugen, dass sie weder auf den Partner noch auf sich selbst noch auf die Zukunft genügend vertrauen? Der Ausdruck ‹Verhältnis› bezeichnet unterschiedliche Situationen: Konkubinat, Ablehnung der Ehe als solche und Unfähigkeit, sich durch langfristige Verpflichtungen zu binden. Alle diese Situationen verletzen die Würde der Ehe; sie zerstören den Grundgedanken der Familie; sie schwächen den Sinn für Treue. Sie verstossen gegen das moralische Gesetz: Der Geschlechtsakt darf ausschliesslich in der Ehe stattfinden; ausserhalb der Ehe ist er stets eine schwere Sünde und schliesst den Empfang der heiligen Kommunion aus … Die leibliche Vereinigung ist nur dann moralisch zu rechtfertigen, wenn zwischen dem Mann und der Frau eine endgültige Lebensgemeinschaft gegründet worden ist. Die menschliche Liebe lässt den blossen ‹Versuch› nicht zu. Sie verlangt eine endgültige und ganze gegenseitige Hingabe der beiden Partner.»

Versöhnlichere Schweizer Bischöfe

Im übrigen hat sich der gesellschaftliche Umbruch vor allem in den westlichen Industrienationen so schnell und tiefgreifend vollzogen, dass auch die römisch-katholischen Priester im Alltag längst über die strengen Grenzen hinausgehen, wie sie noch immer von Rom aus diktiert werden. Schon im Dezember 1976 traten die schweizerischen Bischöfe mit einem «Wort zu Ehe und Familie» an die Öffentlichkeit. Zunächst heisst es zwar darin nach bewährtem Muster katholischer Moraltheologie: «Das unverbindliche Zusammenleben der jungen Leute ist eine ernste Gefahr für deren Glück, das zeitliche und das ewige.»

Aber gleichzeitig machen die Bischöfe deutlich, dass unter Umständen das Konkubinat eine vernünftigere Lösung ist als eine vorschnell geschlossene Ehe. Sie raten den Eltern ausdrücklich davon ab, «die Kinder auf alle möglichen Arten unter Druck zu setzen, um eine Trauung zu erwirken», und sie fügen hinzu: «Wo wirkliche Liebe und gegenseitiges Vertrauen fehlen, darf eine Ehe gar nicht geschlossen werden, auch wenn bereits ein Kind unterwegs sein sollte. Und wo der Glaube fehlt, kann sich das Sakrament der Ehe nicht entfalten.»

Das ist eine eindeutige Absage an die bloss aus Gründen gesellschaftlicher Konvention inszenierte Hochzeit. Die Ehe als geheiligte Institution wollen und können die Bischöfe aber nicht aufgeben; im bereits erwähnten Hirtenbrief formulieren sie das wie folgt: «Geschlechtliche Partnerschaft ruft nach einer Verbindung auf Dauer, und noch mehr verlangt echte Liebe eine Gemeinschaft für immer. Gegenseitige Treue ist daher kein unnatürlicher Zwang, sondern der tiefere Sinn menschlicher Liebe. Auch hat der Liebende das Bedürfnis, von der Umwelt als Liebender angenommen zu werden. Das wird durch die Trauung bezeugt. Zudem ist die Ehe der Ort, wo das Leben weitergegeben wird. Es kommt ihr somit höchste gesellschaftliche Bedeutung zu. Auch haben die Kinder ein Recht darauf, in einer stabilen Bindung und in der Geborgenheit der Familie aufzuwachsen.»

Entscheidend in diesem Hirtenbrief ist im übrigen der Umstand, dass jeder Hinweis auf die nach kirchlicher Lehre gegenüber Konkubinatspartnern unausweichliche Verweigerung der Sakramente fehlt. Man ist sich in kirchlichen Kreisen offensichtlich bewusst, dass die strenge Anwendung der hergebrachten Moralprinzipien viele Gläubige eher abschreckt. Um diese nicht zu verlieren, werden, ohne dass dogmatische Grundsätze demonstrativ verletzt würden, Kompromisse geschlossen, werden Konkubinatspartner selbstverständlich zum Abendmahl zugelassen – wie man sieht in der Hoffnung, sie auf diese Weise früher oder später der Ehe zuführen zu können.

Dass die Bischöfe selbst geradezu erschrocken waren ob der moralisierenden Unerbittlichkeit Roms, kam in knappen Kurzverlautbarungen zum Ausdruck, in denen festgehalten wurde, die im neuen Katechismus festgehaltenen Forderungen der Kirche an die einzelnen Gläubigen seien «hart». Das ist natürlich keine Absage an Rom, aber doch eine gelinde Distanzierung; sie lässt durchblicken, dass im Glaubensalltag schwarz

und weiss, bös und gut nicht so eindeutig voneinander zu trennen sind,
wie das die geradezu abstrakte Theorie des Katechismus wahrhaben will.

Werden Konkubinatskinder getauft?

Wie liberal sich die römisch-katholische Kirche im seelsorgerischen
Alltag verhält, ergibt sich auch aus der Taufpraxis: In einem dem Beobachter schon im Oktober 1982 zugekommenen Schreiben des bischöfli-
chen Ordinariats des Bistums Basel wird erklärt, die Frage, ob ein Kind
aus einer nichtehelichen Verbindung getauft werde, sei nicht dogmati-
scher Art. Im Klartext bedeutet das: Selbstverständlich können auch
Konkubinatskinder das Sakrament der Taufe empfangen, wenn die Eltern
dies wünschen.

Anhang

Konkubinatsverträge

In den beiden folgenden Musterverträgen ist über Anerkennung, Zuteilung und finanzielle Sicherstellung gemeinsamer Kinder aus einem Konkubinatsverhältnis nichts festgelegt: Diese Fragen sind gesetzlich zwingend geregelt und können durch privatrechtliche Verträge nicht abgeändert werden!

Mustervertrag I (Minimallösung)

Konkubinatsvertrag zwischen
Ursi Keller
und
André Bürge

1. Die beiden Partner leben ab ... *(Datum)* in einer gemeinsamen Wohnung zusammen. Sie kommen in gegenseitigem Einvernehmen gemeinsam für die Kosten der Haushaltführung auf; im übrigen verfügt aber jeder unabhängig vom andern über das eigene Einkommen.
2. Ursi Keller hat folgende Einrichtungsgegenstände in die Gemeinschaft eingebracht *(hier natürlich nur Hausrat anführen, der – unter zwangsläufig individuell verschiedenen Gesichtspunkten – ins Gewicht fällt):*

_____

_____

_____

Von André Bürge stammen folgende Objekte:

_____

_____

_____

3. Bei Neuanschaffungen liegt das Eigentum daran bei demjenigen, auf den die Rechnung ausgestellt wurde bzw. der über den auf ihn lautenden Quittungsbeleg verfügt.
4. Kommt die eine Seite für die andere für eine längere Zeit als einen Monat auf, zum Beispiel wegen Krankheit, wegen Arbeitslosigkeit oder um dem andern die berufliche Weiterbildung zu ermöglichen, so ver-

pflichtet sich der von dieser Unterstützung profitierende Teil, im Fall einer späteren Trennung eine angemessene Entschädigung anzuerkennen, die mit ... Franken pro Monat angesetzt wird. Dieser Teil der Vereinbarung ist nicht anwendbar für die Zeit, in der Ursi Keller wegen einer Geburt oder/und wegen der Betreuung von Nachwuchs keine eigene Erwerbstätigkeit ausüben kann.

5. Die beiden Partner errichten zur gegenseitigen Sicherstellung ein Testament, in dem sie pflichtteilsberechtigte Erben zugunsten des Lebenspartners auf den Pflichtteil setzen.

6. Nach einer allfälligen Trennung sind gegenseitige Geschenke zurückzugeben (*Variante:* nicht zurückzugeben).

Ort: Datum: Unterschriften:

Mustervertrag II (Maximallösung)

Konkubinatsvertrag zwischen
Ursi Keller
und
André Bürge

Die Vertragspartner regeln ihre Lebens- und Wohngemeinschaft wie folgt:

1. Ursi Keller hat folgende Einrichtungsgegenstände in die Gemeinschaft eingebracht:

_____

_____

_____

Von André Bürge stammen folgende Objekte:

_____

_____

_____

2. Beide Partner vereinbaren, dass die Gegenstände der beiden Aufstellungen bei einer allfälligen Trennung dem ursprünglichen Eigentümer zustehen.

3. Bei Neuanschaffungen liegt das Eigentum daran bei demjenigen, auf den die Rechnung ausgestellt wurde bzw. der über den auf ihn lautenden Quittungsbeleg verfügt.

4. Grössere Geschenke sind jeweils in einem Anhang zum Vertrag gesondert aufzuführen; für den Fall einer Auflösung der Partnerschaft ist eine Rückgabe vorgesehen (*Variante:* nicht vorgesehen).

5. Die Kosten des gemeinsamen Lebensunterhaltes werden aus einer Haushaltungskasse bestritten, in die Ursi Keller … Franken und André Bürge … Franken einzulegen hat. *(Hier kann/soll nicht zuletzt auch vereinbart werden, welcher Teil der vereinbarten Beträge zur Vereinfachung der Dinge auf ein gemeinsames Postcheckkonto einzubezahlen ist. Denkbar ist auch eine schriftliche Regelung, wer wieviel Hausarbeit leisten und wie die Mehrbelastung eines Partners finanziell entschädigt werden soll.)*

6. Die Kosten für gemeinsam besuchte Veranstaltungen, für Ausflüge und Ferien werden, wenn die Einlagen gemäss der vorausgehenden Ziffer nicht ausreichen, im gleichen Verhältnis wie die normalen Einlagen von den beiden Partnern übernommen. Dasselbe trifft zu für den Fall, dass aus andern Gründen in der Haushaltkasse ein Defizit entstehen sollte.

7. Die Auslagen für persönliche Bedürfnisse wie Kleidung oder auswärtige Verpflegung übernimmt jeder Partner aus den selbstverdienten Mitteln.

8. Jeder Partner verwendet das ihm nach Deckung der gemeinsamen Bedürfnisse verbleibende Einkommen in eigener Verantwortung und ist dem andern darüber keine Rechenschaft schuldig. *(Es ist selbstverständlich auch die umgekehrte Variante denkbar:* Die für die gemeinsame Lebensführung nicht benötigten Mittel werden von beiden Partnern auf Bank- oder Postcheckkonto Nr. … überwiesen und gemeinsam verwaltet.)

9. Leistet der eine Partner über die vereinbarten monatlichen Beträge zur Bestreitung der Haushaltführung für den anderen Zahlungen, so ist eine spätere Verrechnung nur möglich, wenn dies rechtzeitig schriftlich vereinbart wurde.

10. Ist ein Partner vorübergehend, jedoch länger als einen Monat, ohne Einkommen – beispielsweise im Zusammenhang mit seiner Ausbildung – und muss der andere während dieser Zeit für die gemeinsame Lebensführung aufkommen, so gilt diese Leistung als Darlehen an den andern Partner; sie wird mit … Franken pro Monat eingesetzt. Doch

fällt dieser Anspruch auf Ausgleich solcher Leistungen vollständig weg für die Zeit, in der Ursi Keller wegen einer Geburt oder/und wegen der Betreuung von Nachwuchs im gemeinsamen Einverständnis keiner Erwerbstätigkeit nachgehen kann.

11. Jeder Partner haftet allein für seine Schulden. (*Variante:* Jeder Partner kommt solidarisch für Schulden des andern auf, sofern sein Einverständnis zu dessen Verpflichtungen vorausgesetzt werden kann.)

12. Der Mietvertrag der gemeinsamen Wohnung ist nach Möglichkeit von beiden Partnern zu unterzeichnen. Hat nur einer den Vertrag unterschrieben, so hat der nicht als Mieter anerkannte Partner auch im Fall von Auseinandersetzungen jederzeit das unbeschränkte Recht auf Zutritt zur Wohnung und auf Verbleib in derselben bis zum Ablauf der gesetzlichen Kündigungsfrist.

13. Die Partner verpflichten sich, zur Sicherstellung des anderen ein Testament zu verfassen, in dem sie erbberechtigte Angehörige auf den Pflichtteil setzen und den Partner für den verfügbaren Teil begünstigen. Die Testamente werden dem Vertrag im Doppel angefügt.

14. Die Kündigung der Wohnungs- und Lebensgemeinschaft kann von beiden Seiten jederzeit erklärt werden; es ist aber Rücksicht auf die Wohnungssituation zu nehmen (Ziffer 12 des Vertrages). Erweist sich die Benützung der gemeinsamen Wohnung für den einen oder den andern als nicht mehr zumutbar, so muss der in der Wohnung Verbleibende unabhängig von den vorstehenden Vereinbarungen für den Mietzins vom Zeitpunkt der Trennung an allein aufkommen.

15. Im Zeitpunkt der Beendigung der Wohngemeinschaft wird auf der Grundlage der vorstehenden Abmachungen eine Abrechnung erstellt (*Variante:* wird die Gemeinschaft nach den Regeln der einfachen Gesellschaft liquidiert). Kann der finanzielle Ausgleich nicht sofort erfolgen, so muss die Abrechnung von beiden unterzeichnet werden. Verbleibt eine ins Gewicht fallende finanzielle Verpflichtung des einen Partners gegenüber dem andern, so ist eine Vereinbarung über eine angemessene ratenweise Abtragung der Schuld anzustreben.

16. Sollte bei einem Auseinandergehen der eine der Partner in eine finanzielle Notlage geraten, so verpflichtet sich der andere, während einer Zeit von maximal … Monaten monatlich noch … Franken an den Unterhalt des Notleidenden beizutragen.

17. Bei Meinungsverschiedenheiten über die Auslegung der vorliegenden Vereinbarung verpflichten sich beide Seiten, zur Schlichtung XY anzurufen (*Hier sollte der Name einer Person eingesetzt werden,*

die das Vertrauen beider Partner geniesst; es kann sich um einen gemein-samen Freund, um einen Friedensrichter, um einen Anwalt oder auch um eine genau anzugebende Eheberatungsstelle handeln), bevor rechtli-che Schritte eingeleitet werden.

Diese Vereinbarung tritt mit ihrer Unterzeichnung in Kraft. Sie kann, das gegenseitige schriftliche Einverständnis beider Partner vorausge-setzt, jederzeit ergänzt oder abgeändert werden.

Ort: Datum: Unterschriften:

Mustertestament für Konkubinatspaare

Das Testament ist in allen Teilen von Hand zu schreiben. Ort, Datum und Unterschrift dürfen nicht fehlen. Jeder Konkubinatspartner und jede Partnerin muss ein eigenes Testament abfassen. Dieses Mustertestament dient lediglich als Formulierungshilfe; je nach Situation sind Ergänzun-gen und Änderungen notwendig. Besitzt einer der Partner eine Liegen-schaft, ist es ratsam, eine umfassende fachliche Beratung (Notar, Anwalt) zu den Themen Wohnrecht, Nutzniessung, Steuern usw. einzuholen.

Testament

Ich, Maja Brunner, geboren am 15. Mai 1968, Bürgerin von Krauchthal im Kanton Bern, verfüge letztwillig wie folgt:

1. Ich widerrufe sämtliche letztwillige Verfügungen, die ich jemals getroffen haben sollte.
2. Unter Vorbehalt allfälliger Pflichtteilsrechte setze ich meinen Lebenspartner Arthur Furrer zum Alleinerben meines gesamten Nachlas-ses ein.
3. Arthur Furrer steht, sofern er die Erbschaft mit anderen Erben teilen muss, überdies das Recht zu, die von ihm gewünschten Vermö-genswerte und Gegenstände aus meiner Erbschaft auf Anrechnung an seinen Erbteil vorab zu bestimmen.

4. Folgende Gegenstände mit Erinnerungswert sollen jedoch meinen gesetzlichen Erben zukommen:

_____

_____

_____

5. Diese letztwillige Verfügung gilt unter dem Vorbehalt, dass die Partnerschaft zwischen mir und Arthur Furrer bis zu meinem Tod Bestand hat. Sollte diese Frage unter den Erben strittig sein, ist der Umstand massgebend, ob Arthur Furrer zum Zeitpunkt meines Todes an meiner Wohnadresse angemeldet war.

Luzern, 25. Oktober 1993   *Maja Brunner*

Muster für Schuldanerkennungen und Darlehensverträge

Schuldanerkennungen, mit denen finanzielle Verpflichtungen des einen Partners gegenüber dem andern schriftlich festgehalten werden, bedürfen keiner bestimmten Form. Sie können beliebig variiert werden. Um die Glaubwürdigkeit der Vereinbarung zu verstärken, kann es von Vorteil sein, wenn der Grund der Forderung umschrieben wird.

Der unterzeichnende Franz Schweizer schuldet Barbara Zürcher Fr. 10 000.– (zehntausend).

Bern, den 12. August 1993   *Franz Schweizer*

Die unterzeichnende Barbara Zürcher schuldet Franz Schweizer für die Zeit des Zusammenlebens (ab März 1993) die Hälfte des Mietzinses, gegenwärtig also Fr. 450.– (vierhundertfünfzig) monatlich, für die gemeinsam benützte Wohnung. Die offenen Beträge sind nicht zu verzinsen (*Variante:* sind zu fünf Prozent zu verzinsen).

Bern, den 13. März 1993   *Barbara Zürcher*

Karl Basler schuldet Frau Erna Walliser für Kost, Logis und Pflege in
der Zeit vom Oktober 1991 bis März 1993 monatlich Fr. 1250.– (eintau-
sendzweihundertfünfzig), total Fr. 22 500.–.

Luzern, den 1. April 1993   *Karl Basler*

Darlehensvertrag

Ernst Berner bestätigt, heute von Frau Lydia Wädenswiler ein Darlehen
von Fr. 8500.– (achttausendfünfhundert) zur Finanzierung eines PW als
Darlehen erhalten zu haben. Der Betrag ist spätestens bis zum 12. Dezember 1996 zurückzuzahlen.

Stäfa, den 14. November 1993   *Ernst Berner*

Ich bestätige, heute von Hans Urner ein Darlehen von Fr. 3800.– (drei-
tausendachthundert) erhalten zu haben. Den Betrag zahle ich in monatlichen Raten von Fr. 300.– (dreihundert) ab.

Riehen, den 22. Januar 1994   *Sabine Bremgartner*

Wichtig: Folgende Punkte sollten bei Darlehen und Schuldanerkennungen beachtet werden.

1. Darlehen der hier diskutierten Art sind nach Artikel 313 des Obligationenrechts «nur dann verzinslich, wenn Zinse verabredet sind».

2. Wird keine feste Rückzahlungsfrist vereinbart, so kann der Gläubiger gemäss Artikel 318 OR unter Einhaltung einer Kündigungsfrist von
sechs Wochen vom Schuldner jederzeit die Rückzahlung verlangen.

3. Wird in einer Quittung lediglich bestätigt, dass beispielsweise
Franz Knonauer von Gisela Bieler einen bestimmten Betrag erhalten
habe, liegt keine Schuldanerkennung vor. Bei der rechtlichen Einforde-
rung des Betrags könnte die Gläubigerin in grosse Schwierigkeiten geraten. Wer jedes Risiko vermeiden will, tut gut daran, in der schriftlichen
Vereinbarung an geeigneter Stelle den Ausdruck «Darlehen», «Schuld»
oder «schuldet» zu verwenden.

4. Rückforderungen von Darlehen oder aus Schuldanerkennungen
verjähren innert zehn Jahren.

Adressen und praktische Hinweise

Der Adressenteil des Anhangs ist und kann nicht vollständig sein. Gerade deshalb bitten wir, dem Beobachter nicht aufgeführte Stellen mitzuteilen, damit sie bei weiteren Auflagen berücksichtigt werden können.

I Gerichtliche Stellen, Behörden, Beratungsstellen

I/1 Eheberatung

AG Kirchliche Eheberatungsstelle
Laurenzentorgasse 7
5000 Aarau
064/224343
Mo–Fr 8–10.30 Uhr

AI/
AR Beratungsstelle für Ehe-, Familien-
und Lebensfragen
Pfarrer Walter Feurer
Oberes Werd 8
9410 Heiden
071/912541

BE Ehe- und Familienberatung für
Stadt und Kanton Bern
Aarbergergasse 36
3011 Bern
031/211066
Termine nach tel. Vereinbarung

Amt für Ehe- und Familienfragen
der evangelisch-reformierten Kirche
Schanzenstrasse 1
3008 Bern
031/3814905

BL Eheberatungsstelle der evangelisch-
reformierten Kirche
Hauptstrasse 18
4132 Muttenz
061/616177
Mo, Mi + Fr 9–12 Uhr

Eheberatungsstelle der römisch-
katholischen Landeskirche
Bachlettenstrasse 30
4054 Basel
061/281 0054

BS Kirchliche katholische
sozialpädagogische Familien-
begleitung
Nonnenweg 11
4055 Basel
061/2722680
Di–Fr 8.30–12 Uhr

Eheberatungsstelle der evangelisch-
reformierten Kirche
Rheingasse 57
4058 Basel
061/6922060

FR Consultations Conjugales
Rue Romont 20
1700 Fribourg
037/225477
Termine nach tel. Vereinbarung

GL Beratungsstelle für Ehe-, Familien-
und Sexualfragen
Kärpfgasse 10
8750 Glarus
058/616282

GR Psychotherapie und Beratung für
Ehe-, Familien- und Lebensfragen
Herr Dr. Giosch Albrecht
Plessurquai 53
7000 Chur
081/225658

Evangelische Ehe- und
Lebensberatung
Pfarrer Dr. Hans Senn
Bahnhofstrasse 20
7000 Chur
081/223377

LU   Verein Ehe- und Lebensberatung
     Dornacherstrasse 9
     6003 Luzern
     041/231087

NW   Ehe- und Rechtsberatung beim
     Sozialdienst Nidwalden
     St. Klara-Rain 1
     6370 Stans
     041/616030

SG   Regionale katholische psycho-
     therapeutische Stelle für Ehe
     und Familie
     Frongartenstrasse 11
     9000 St. Gallen
     071/236446

     Protestantische Eheberatung
     Paar-, Ehe- und Familienberatung
     Pfarrer Wolfgang Scheit
     St. Magnihalden 15
     9000 St. Gallen
     071/248822

SH   Ehe- und Lebensberatungsstelle
     Frauengasse 24
     8200 Schaffhausen
     053/827574
     Tel. Anmeldung jeweils
     Mo–Fr 9–11 Uhr,
     Mo 17–18 Uhr

SO   Beratungsstelle für Ehe- und
     Lebensfragen

     Bielstrasse 12
     4500 Solothurn
     065/224433

     Bettlachstrasse 8
     2540 Grenchen
     065/521922

     Friedhofstrasse 2
     4226 Breitenbach
     061/803449

     Hammerallee 19
     4600 Olten
     062/323250

SZ   Beratungsstelle für Ehe-, Sexual-
     und Schwangerschaftsfragen

Ausserschwyz:
Frau Marlene Orza
Herr Raphael Kaiser-Binkert
Churerstrasse 31
8808 Pfäffikon
055/484644

Innerschwyz:
Frau Maria Heilig
Schmiedgasse 1
6430 Schwyz
043/214340

Beratungsstelle für
Familien, Jugendliche
und Alleinstehende
Pfarrgasse 9
6430 Schwyz
043/215317

TG   Ehe-, Familien- und
     Lebensberatung
     Thurgau

     Freiestrasse 4
     8570 Weinfelden
     072/225505

UR   Ehe-, Familien- und
     Lebensberatung
     Kirchplatz 10
     6460 Altdorf
     044/25042

ZG   Ehe- und Lebensberatung
     Herr Paul A. Bucher
     Baarerstrasse 43
     6300 Zug
     042/219478

     Ehe- und Lebensberatung
     Herr Ueli Wüthrich
     Alpenstrasse 13
     6300 Zug
     042/215176

ZH   Zentralstelle für Ehe- und
     Familienberatung
     Hohlstrasse 35
     8004 Zürich
     01/2429660 und 2415902

     Ökumenische Partnerschafts-, Ehe-
     und Familienberatungsstellen

Bezirk Zürich:
Ökumenische Eheberatung Zürich
für Paar-, Einzel-, Familien-
beratungen
Birmensdorferstrasse 34
8004 Zürich
01/242 11 02

Winterthur und Bezirk
Andelfingen:
Wülflingerstrasse 26
8400 Winterthur
052/222 70 80

Region Unterland:
Marktgasse 27
8180 Bülach
01/860 83 86

Dorfstrasse 26
8302 Kloten
01/813 18 88

Parkstrasse 5
8304 Wallisellen
01/830 70 22

Bezirk Affoltern:
Bahnhofplatz 11
8910 Affoltern a. A.
01/761 11 55

Bezirk Dielsdorf:
Schulstrasse 36
8105 Regensdorf
01/840 07 77

Bezirk Hinwil:
Dorfstrasse 44 A
8630 Rüti
055/31 14 41

Bezirk Horgen:
Dorfgasse 14
8810 Horgen
01/725 48 60

Albisstrasse 33
8134 Adliswil
01/710 74 73

Bezirk Meilen:
Dorfstrasse 81
8706 Meilen
01/923 33 20

Bezirk Uster:
Brunnenstrasse 9a
8610 Uster
01/940 97 42

Ehen mit Ausländern:
Klosbachstrasse 51
8032 Zürich
01/251 77 42

Weitere Adressen finden Sie unter
I/8 oder im Telefonbuch.

I/2 Rechtsberatung

Die Stellen sind nicht vollständig aufgezählt. Wenn bei Ihrem Wohnsitz-
kanton die Angaben fehlen, so erkundigen Sie sich bei den in I/8 genannten Stellen.

AG In beschränktem Umfang erteilen
die Bezirksgerichte Rechtsauskünfte. In einzelnen grösseren
Gemeinden bestehen vom Gemeinwesen oder von privaten Organisa-
tionen eingerichtete Rechtsaus-
kunftsstellen. Meistens sind die
Auskünfte unentgeltlich.

BE Frauenzentrale des Kantons Bern
Spitalgasse 34
3011 Bern
031/311 72 01

Rechtsberatungsstelle der
Schweiz. Stiftung MPB
Waffenweg 15
Postfach 71
3000 Bern 22
031/41 10 70

Infra
Bollwerk
3011 Bern
031/311 17 95
Di 18–20 Uhr, Do 9–11 Uhr,
Sa 14–16 Uhr

BL Frauenzentrale Basel-Land,
Rechtsberatung
Frau Dr. Spielmann
061/78 16 11
ab 24. 4. 94: 061/751 16 11

BS Rechtsberatung am Zivilgericht

FR Consultations Conjugales
rue Romont 20
1700 Fribourg
037/22 54 77
Termine nach tel. Vereinbarung

GR Rechtsberatung inoffiziell durch
kantonale Zivilrechtsabteilung

Rechtsberatung der Frauenzentrale
Graubünden
Tivolistrasse 3
7000 Chur
081/22 81 22

LU Rechtsberatung durch den Amtsge-
richtspräsidenten und den Verein
Ehe- und Lebensberatung in
Luzern (siehe I/1)

Frauenzentrale Luzern
Gibraltarstrasse 34
6003 Luzern
041/22 80 23
Offene Sprechstunde:
Di und Fr 14–17 Uhr
Tel. Auskünfte: Do 10–14 Uhr
Termine nach tel. Vereinbarung

SG Unentgeltliche Rechtsberatungsstelle des Sozialdienstes für Frauen
und Familien

Frongartenstrasse 16
9000 St. Gallen
071/22 27 19
Di 15.30–18.30 Uhr
Do 16.30–19 Uhr

SH Frauenzentrale Schaffhausen
Safrangasse 8
8200 Schaffhausen
053/25 22 48

SO Beratungsstelle für Ehe- und
Lebensfragen

Bielstrasse 12
4500 Solothurn
065/22 44 33

Bettlachstrasse 8
2540 Grenchen
065/52 19 22

Friedhofstrasse 2
4226 Breitenbach
061/80 34 49

Hammerallee 19
4600 Olten
062/32 32 50

SZ Kantonale Verwaltung Justiz-
departement Rechtsdienst
6430 Schwyz
043/24 11 24

TG Rechtsberatung durch Gemeinde-
behörde und kantonale Aufsichts-
behörde (Justiz-, Polizei- und
Fürsorgedepartement)

Thurgauische Frauenhilfe
Bankplatz 5
8500 Frauenfeld
054/21 27 46

UR Wöchentlicher Audienztag beim
Landesgerichtspräsidenten

ZG Rechtsberatungsstelle der Frauenzentrale des Kantons Zug
Metallstrasse 1
6300 Zug
042/21 03 15

ZH Rechtsberatung in der Sprechstunde des Eheschutzrichters am Bezirksgericht Zürich. Rechtsauskünfte auch bei allen andern Bezirksgerichten

Zürcher Frauenzentrale
Am Schanzengraben 29
8002 Zürich
Rechtsberatung 01/202 69 30
Budgetberatung 01/202 97 05

Rechtsauskunft und
Budgetberatung
Metzggasse 2
8400 Winterthur
052/212 15 20

Zentralstelle für Ehe- und
Familienberatung
Hildastrasse 18
8004 Zürich
01/242 96 60 und 241 59 02

I/3 Finanzen

Wer hilft, ein Budget aufzustellen? (Festsetzung des Haushaltsgeldes, Überblick über Einnahmen und Ausgaben, Grundlage der Alimentenberechnung)

AG Frauenberatungsstelle
Budgetberatung
Vordere Vorstadt 16
5000 Aarau
064/22 79 66

BE Frauenzentrale des Kantons Bern
Spitalgasse 34
3011 Bern
031/311 72 01

Frauenverband Berner Oberland
Pestalozzistrasse 102
3600 Thun
033/23 22 49

Verband der Bieler Frauenvereine
c/o Frau R. Buenzli-Buob
Lyss-Strasse 14
2560 Nidau
032/25 41 52

Frauenzentrale Burgdorf
c/o Frau M. Gall
Lagerweg 6
3422 Alchenflüh
034/45 59 28

BL Frauenzentrale Basel-Land
Budgetberatung
Frau Ursula Stauffer
061/613 0 49

BS Frauenzentrale Basel
Marktgasse 4
Eingang Blumengasse
4051 Basel
061/261 35 70

GR Budgetberatung der
Frauenzentrale
Graubünden
Tivolistrasse 3
7000 Chur
081/22 81 22

LU Frauenzentrale Luzern
Gibraltarstrasse 34
6003 Luzern
041/22 80 23
Offene Sprechstunde:
(Rechtsauskunft und
Sozialberatung)
Di + Fr 14–17 Uhr
Tel. Auskünfte: Do 10–14 Uhr
Budgetauskünfte: Termine nach
tel. Vereinbarung

SG Frauenzentrale St. Gallen
Bleicherstrasse 11
9000 St. Gallen
071/22 22 33

SH   Frauenzentrale Schaffhausen
     Safrangasse 8
     8200 Schaffhausen
     053/252248

SO   Frauenzentrale Solothurn
     Budgetberatung
     Tel. Anmeldung erforderlich

     Frau H. Lichtin, Solothurn
     065/220985

     Frau B. Gysling, Olten
     062/324294

     Frau E. Bachofner, Grenchen
     065/528242

     Beratungsstelle für Ehe- und
     Lebensfragen

     Bielstrasse 12
     4500 Solothurn
     065/224433

     Bettlachstrasse 8
     2540 Grenchen
     065/521922

     Friedhofstrasse 2
     4226 Breitenbach
     061/803449

     Hammerallee 19
     4500 Olten
     062/323250

SZ   Budgetberatung
     Konsumentenforum
     Innerschwyz:
     Frau Elisabeth Suter
     Sodweg 3
     6438 Ibach
     043/212915

TG   Budgetberatungsstelle der Thur-
     gauischen Frauenorganisationen
     Frau E. Hiestand
     Gartenstrasse 17
     8570 Weinfelden
     072/224453

Thurgauer Frauenhilfe
Bankplatz 5
8500 Frauenfeld
054/212746

VS   Frauen – Begegnung – Arbeit
     Budgetberatung
     Lea Furrer
     3922 Stalden
     028/522269

ZG   Frauenzentrale des Kantons Zug
     Metallstrasse 1
     6300 Zug
     042/210315

ZH   Zürcher Frauenzentrale
     Am Schanzengraben 29
     8002 Zürich
     Budgetberatung 01/2029705

     Frauenzentrale Winterthur
     Metzggasse 2
     8400 Winterthur
     052/2121520

     Zentralstelle für Ehe- und
     Familienberatung
     Hildastrasse 18
     8004 Zürich
     01/2429660 und 2415902

CH   Arbeitsgemeinschaft der
     Schweizerischen Budgetberatungs-
     stellen (ASB)
     Waldmatt 10
     5242 Birr
     Anfragen schriftlich mit
     Rückantwortkuvert

I/4 Namensänderung
An wen adressiere ich mein Namensänderungsgesuch?

AG	Department des Innern, Aarau	SG	Departement des Innern, St. Gallen
BE	Polizeidirektion, Bern	SH	Kantonale Gemeindedirektion,
BL	Justizdirektion, Liestal		Schaffhausen
BS	Justizdirektion, Basel	SO	Justizdepartement, Solothurn
FR	Justizdirektion, Freiburg	SZ	Departement des Innern, Schwyz
GL	Regierungsrat, Glarus	TG	Regierungsrat (oder Zivilstands-
GR	Justiz- und Polizeidepartement,		inspektorat), Frauenfeld
	Zivilrechtsabteilung, Chur	UR	Regierungsrat, Altdorf
LU	Justizdepartement, Zivilstandswesen,	ZG	Direktion des Innern, Zug
	Luzern	ZH	Direktion des Innern, Abteilung
NW	Regierungsrat, Stans		Zivilstandswesen, Zürich
OW	Regierungsrat, Sarnen		

I/5 Sozialhilfe
An welche Behörde wende ich mich, wenn ich nach Auflösung des Konkubinats auf öffentliche Fürsorgeleistungen angewiesen bin?

AG	Fürsorgebehörde am Wohnsitz	SH	Fürsorgebehörde am Wohnsitz
AR	Fürsorgebehörde am Wohnsitz	SO	Fürsorgebehörde am Wohnsitz
BE	Fürsorgebehörde am Wohnsitz	SZ	Fürsorgebehörde
BL	Fürsorgebehörde am Wohnsitz	TG	Fürsorgebehörde der Gemeinde
BS	Fürsorgeamt der Stadt Basel	UR	Fürsorgebehörde am Wohnsitz
	Bernoullistrasse 28	ZG	Sozialdienst am Wohnsitz
	4003 Basel	ZH	Stadt: Fürsorgeamt der Stadt
	061/261 48 00		Zürich
FR	Gemeinderat am Wohnsitz		Selnaustrasse 17
GL	Fürsorgeamt am Wohnsitz		8039 Zürich
GR	Vorstand der Wohnsitzgemeinde		01/246 61 11
	oder Bezirksfürsorgestelle oder in		Land: Fürsorgebehörde der
	grösseren Gemeinden Gemeinde-		Gemeinde (auf der Gemeinde-
	fürsorgeamt bzw. Sozialamt		verwaltung zu erfahren)
LU	Sozialvorsteher des Wohnortes		Elternberatung für
NW	Gemeinderat am Wohnsitz		ausserehliche Kinder
OW	Einwohnergemeinderat am		Flössergasse 8
	Wohnsitz		8039 Zürich
SG	Fürsorgebehörde am Wohnsitz		01/246 61 11

I/6 Hilfe bei der Wohnungssuche

Gibt es eine staatliche Stelle, die mir bei der Aufhebung des gemeinsamen Haushaltes behilflich ist, eine Wohnung zu finden?

AG	Fürsorgebehörde	OW	Nein
BE	Fürsorge oder Beratungsstelle der Schweiz. Stiftung MPB Waffenweg 15 3014 Bern 031/330211	SG	Eventuell Wohnungsamt der Wohnsitzgemeinde
		SH	Nein
		SO	Nein
BL	Fürsorge	SZ	Eventuell Gemeindekanzlei
BS	Fürsorgebehörde	TG	Fürsorgebehörden
GL	Diese Aufgabe wird von der Familienfürsorge, den Fürsorgeräten und eventuell auch von den Waisenämtern wahrgenommen.	UR	Nein
		ZG	Nein
		ZH	Finanzamt Stadt Zürich: Büro für Notwohnungen Gessnerallee 52 8023 Zürich 01/2466554 Sprechstunde Mo–Mi 14–16 Uhr, Do 11–16 Uhr
GR	Bezirksfürsorgestelle oder in grösseren Gemeinden Gemeindefürsorgeamt bzw. Sozialamt		
LU	Sozialvorsteher des Wohnortes		
NW	Eine eigentliche öffentliche Stelle, die bei der Wohnungssuche behilflich ist, gibt es nicht.		

Weitere Stellen, die eventuell weiterhelfen können, finden Sie unter I/8.

I/7 Stipendien

Auskünfte und Informationen über Ausbildung und Stipendien können bei den Erziehungsdirektionen der Kantone und den kantonalen Berufsberatungsstellen eingeholt werden. Bei folgenden Stellen können die Stipendiengesuche eingereicht werden.

AG	Zentralstelle für Ausbildungsförderung Laurenzenvorstadt 19 5000 Aarau 064/212070/72	BS	Amt für Ausbildungsbeiträge Münzgasse 16 4051 Basel 061/267 2911
		FR	Direction de la santé publique et des affaires sociales, Route de Cliniques 17 1700 Fribourg 037/252904
BE	Erziehungsdirektion des Kantons Bern		
BL	Erziehungsdirektion Abteilung Stipendien, Liestal		
		GL	Kantonale Erziehungsdirektion, eventuell kantonales Arbeitsamt

GR Stipendienstelle des Erziehungs-
und Sanitätsdepartements oder
kantonale Zivilrechtsabteilung

LU Stipendienberatung
Hirschmattstrasse 25
6003 Luzern
041/245111

Gesuche für Stipendien können an
das kantonale Stipendienwesen
Hirschmattstrasse 25
6003 Luzern
041/245111
eingereicht werden.

Gesuche von Arbeitslosen oder
von Arbeitslosigkeit Bedrohten
für Umschulung, Anlehre oder
Weiterbildung können an das
kantonale Arbeitsamt
Hallwilerweg 5
6003 Luzern
041/245111
gerichtet werden.

NW Auskunft gibt das Sekretariat der
Stipendienkommission
Rathausplatz
6370 Stans
041/637401
Bei dieser Stelle ist auch das
Stipendiengesuch einzureichen.

OW Erziehungsdepartement Obwalden,
Abteilung Ausbildungsbeiträge

SG Erziehungsdepartement,
Stipendienabteilung

SH Kantonale Erziehungsdirektion

SO Erziehungsdepartement Solothurn,
Stipendienabteilung

SZ Geschäftsstelle für das Stipendienwesen beim Erziehungsdepartement

TG Kantonales Rechnungs- und
Stipendienamt, Frauenfeld

UR Amt für Berufsbildung
Stipendienwesen
Attinghauserstrasse 16
6440 Altdorf
044/42244

ZG Stipendienkommission
des Kantons Zug, Zug

ZH Amt für Berufsbildung
des Kantons Zürich
Stipendienabteilung
Stampfenbachstrasse 32
8090 Zürich
01/2591111

Private Stipendienstellen:

Pro Juventute
Seehofstrasse 15
8022 Zürich
01/2517244

Schweizerische
Gemeinnützige Gesellschaft
Schaffhauserstrasse 7
8042 Zürich 6
01/3634460

I/8 Sozialdienste im Wohnsitzkanton

Welche Stelle kann mir Auskunft geben bei Fragen im Zusammenhang
mit sozialen Dienstleistungen jeglicher Art in meinem Kanton?

AG Kantonaler Sozialdienst
Schachenallee
5004 Aarau
064/212530

AI Fürsorgeamt
Kanzleigebäude
9050 Appenzell
071/879311

AR Kantonale Verwaltung
Gemeindedirektion
Regierungsgebäude
9100 Herisau
071/536111

BE Gesundheits- und Fürsorgedirektion
des Kantons Bern
Rathausgasse 1
3011 Bern
031/697801

BL Fürsorgeamt
Gestadeckplatz 8
4410 Liestal
061/9255111

BS Kantonale Fürsorgeabteilung
Basel-Stadt
Bernoullistrasse 28
Postfach 424
4003 Basel
061/2614800

FR Direction de la santé publique
et des affaires sociales
Route des Cliniques 17
1700 Fribourg
037/252904

GL Sanitäts- und Fürsorgedirektion
Postgasse 29
8750 Glarus
058/636111

GR Kantonales Sozialamt Graubünden
Gürtelstrasse 89
7001 Chur
081/212121

LU Kantonales Sozialamt
Hirschengraben 36
6002 Luzern
041/245111

NW Sanitäts- und Fürsorgedirektion
Bahnhofplatz 3
6370 Stans
041/637602

OW Fürsorgedepartement des
Kantons Obwalden
St. Antonisstrasse 4
6060 Sarnen
041/669337 und 669335

SG Soziale Dienste des Kantons
St. Gallen
Spisergasse 41
9001 St. Gallen
071/213318

SH Sozialamt des Kantons
Schaffhausen
Platz 4
Postfach 479
8200 Schaffhausen
053/827383

SO Kantonales Sozialamt
Wengistrasse 17
4500 Solothurn
065/212311

SZ Amt für Gesundheit und Soziales
Bahnhofstrasse 15
6430 Schwyz
043/241124

TG Fürsorgeamt des Kantons Thurgau
Rheinstrasse 10
8500 Frauenfeld
054/242704

UR Gesundheits- und Fürsorgedirektion des Kantons Uri
Sekretariat
Schmidgasse 9
6460 Altdorf
044/42244

VS Departement der Sozialdienste
Rue des Vergers 2
1950 Sion
027/215111

ZG Kantonales Sozialamt
Bahnhofstrasse 32
6301 Zug
042/253175

ZH Informationsstelle des Zürcher
Sozialwesens
Gasometerstrasse 9
8005 Zürich
01/2724041

II Selbsthilfegruppen

II/1 Hilfe und Betreuung für Männer
Interessengemeinschaft getrennt lebender und geschiedener Männer (IGM)

IGM-Schweiz
Zentralsekretariat
Anton Dudli
Postfach
5704 Egliswil
064/553505

Mouvement pour la Condition
Paternelle
St. Jean 11
1203 Genève
022/340 02 33

II/2 Hilfe und Betreuung für Frauen

AG Frauenberatungsstelle Aarau
Vordere Vorstadt 16
5000 Aarau
064/227901

Frauenhaus Aargau
Postfach 273
5200 Brugg
056/42 19 90

BE Infra
Bollwerk 39
3011 Bern
031/311 17 95
Di 18–20, Do 9–11, Sa 14–16 Uhr

Frauengesundheitszentrum
Aarbergerstrasse 16
3011 Bern
031/21 31 20
Tel. Anmeldung Mo–Mi und Fr
9–11 Uhr, Mo–Fr 14–16 Uhr

Informations- und Beratungsstelle
für vergewaltigte Frauen
Bollwerk 41
3011 Bern
031/21 07 07
Mo, Di, Do, Fr 9–13 Uhr,
Mi 16–19 Uhr

Frauenhaus
Postfach 3096
3000 Bern 7
031/332 55 33

Help-Schwangerschafts-
beratungstelefon
031/21 01 41
Mo, Mi, Fr 14–16 Uhr;
Di, Do 18.30–21 Uhr

BS Infra
Klingentalgraben 2
4057 Basel
061/692 04 18
Mi 18–20 Uhr

Frauenhaus Basel
Postfach 111
4005 Basel
061/681 66 33

Nottelefon, Beratungsstelle für
vergewaltigte Frauen
Postfach 170
4001 Basel
061/261 89 89
Mo–Fr 9–13 Uhr
Mo, Mi–Fr 14–19 Uhr

FR Solidarité Femmes/Frauenhaus
Postfach 807
1701 Fribourg
037/22 22 02

LU Frauenhaus
041/447000

SG Frauenhaus
071/23 13 56

Beratungsstelle Frauenhaus
Wassergasse 1
9000 St. Gallen
071/222912

Beratungsstelle und Sozialdienst
für Frauen und Familien
Frongartenstrasse 16
9000 St. Gallen
071/222719 und 071/227567

Katholischer Frauenbund
Magnihalden 7
9000 St. Gallen
071/224549

SH   Frauenzentrum
Neustadt 38
8201 Schaffhausen
053/244446
Mi 20–22 Uhr

Nottelefon für vergewaltigte Frauen
Schaffhausen
Postfach 3303
8201 Schaffhausen
053/242255
Mo 14–16 Uhr
Di 16–18 Uhr
Do 14–16 Uhr

Frauenhaus
053/250876

TG   Infra
8500 Frauenfeld
Tel. Auskunft: 054/7203990

Thurgauische Frauenhilfe
Bankplatz 5
8500 Frauenfeld
054/212746

ZH   Infra
Mattengasse 27
8005 Zürich
01/2728844
Di 15–19.30 Uhr
juristische Beratung ab 18.15 Uhr

Nottelefon für vergewaltigte Frauen
Postfach 3344
8031 Zürich
01/2914646
Mo–Fr 10–19 Uhr
Fr/Sa 0–8 Uhr
Sa/So 0–8 Uhr

Frauenhaus Zürich
Postfach 365
8042 Zürich
01/3632267

Frauenhaus Winterthur
052/2130878

Weitere Frauenorganisationen:

Schweizerischer katholischer
Frauenbund
Zentralsekretariat
Postfach 7854
6000 Luzern 7
041/234936

Evangelischer Frauenbund
der Schweiz
Winterthurerstrasse 60
8006 Zürich
01/3630608

Verein Mütterhilfe
Beratungsstelle für
werdende Mütter
Badenerstrasse 18
8004 Zürich
01/2416343

II/3 Hilfe für geschlagene Frauen

AG Frauenhaus Aargau
056/42 19 90
BE Frauenhaus Bern
031/42 55 33
BS Frauenhaus Basel
Postfach 111
4005 Basel
061/681 66 33
GE Solidarité Femmes en détresse,
Genf
022/797 10 10
FR Solidarité Femmes/Frauenhaus
Postfach 807
1701 Fribourg
037/22 22 02

LU Frauenhaus Luzern
041/44 70 00
SG Frauenhaus St. Gallen
071/23 13 56
SH Frauenhaus Schaffhausen
053/25 08 76
ZH Frauenhaus Zürich
01/363 22 67
Frauenhaus Winterthur
052/213 08 78

II/4 Alleinerziehende Eltern

Alleinerziehende Eltern finden Gleichgesinnte in einer Sektion des Vereins alleinerziehender Mütter und Väter. Das zentrale Sekretariat gibt Auskunft über die aktiven Gruppen in Ihrer Region.

Schweizerischer Verband alleinerziehender Mütter und Väter
Sekretariat
Kuttelgasse 8
Postfach 4213
8022 Zürich
01/212 25 11

II/5 Alleinstehende Personen

Personen, die nicht mehr alleinstehend bleiben wollen, melden sich bei

Selbsthilfeorganisation alleinstehender
Personen in der Lebensmitte
«Ring i der Chetti», Bern
Postfach 161
3360 Herzogenbuchsee
063/61 59 59

«offene tür zürich»
Beethovenstrasse 45
8002 Zürich
01/202 30 00
(Einzel- und Paartherapie)
Mo–Fr 13–19 Uhr

II/6 Selbsthilfe
Für jede Art von Selbsthilfe zur Verfügung:

Team Selbsthilfe
Wilfriedstrasse 7
8032 Zürich
01/2523036

II/7 Flüchtlinge
Flüchtlinge finden Hilfe bei der:

Schweizerische Flüchtlingshilfe
Zentralsekretariat
Kinkelstrasse 2
Postfach 279
8035 Zürich
01/3619640

II/8 Zwischenstaatliche Inkassoschwierigkeiten

Service social international
27 Bld. Hélvétique
1207 Genève
022/7866150

II/9 Kindsentführungen
Wem ein Kind entführt wurde, der wendet sich an:

Sentinelle
10, chemin du Languedoc
1007 Lausanne
021/6173838

Nachforschungsabteilung
der Heilsarmee
Laupenstrasse 5
Postfach 6575
3001 Bern
031/3810591

Internationaler Sozialdienst der Schweiz
27 Bld. Hélvétique
1207 Genève

Wenn das entführte Kind das Schweizer Bürgerrecht hat, so hilft Ihnen bei Ihren Nachforschungen die schweizerische Botschaft oder das Konsulat in dem Land, wo Sie Ihr Kind vermuten. Orientieren Sie sich über Einzelheiten beim

Eidgenössisches Justiz- und
Polizeidepartement (EJPD)
3000 Bern

II/10 Suche nach einem Berufsberater

Schweizerischer Verband
für Berufsberatung
Zürichstrasse 98
Postfach 396
8600 Dübendorf
01/822 00 22

II/11 Suche nach einer Tagesmutter, einer Pflegefamilie, einer Kinderkrippe

Wer für sein Kind einen Platz sucht, wendet sich an:

Pro Juventute Zentralsekretariat
Seehofstrasse 15
8008 Zürich
01/251 72 44
(Tagesmütter)

Schweizerische Pflegekinder-Aktion
Zentralstelle
Beim goldenen Löwen 13
4052 Basel
061/272 42 24

Schweizerischer Krippenverband
Kuttelgasse 8
8001 Zürich
01/212 24 44
Fax 01/212 24 45
Briefadresse:
Postfach 4203
8022 Zürich

II/12 Suche nach einem Anwalt

Anwälte können folgende Stellen nennen:

Schweizerischer Beobachter
Edenstrasse 20
8021 Zürich
01/207 74 74

Demokratische Juristinnen und Juristen
der Schweiz (DJS)
Rue de Lausanne 18
1700 Fribourg
037/23 13 66

Kantonale Anwaltsverbände
Adressen im Telefonbuch – meist im
Kantonshauptort. Die Adressen der Präsidenten und Sekretariate können erfragt
werden bei:
Schweizerischer Anwaltsverband
Bollwerk 21
Postfach 8321
3001 Bern
031/212 505
Fax 031/213 103
Oft sind die lokalen Gerichte bereit,
spezialisierte Anwälte zu vermitteln.

III Abkürzungen und Literatur

III/1 Abkürzungen

BGE   Entscheide des Schweizerischen
       Bundesgerichts,
       Amtliche Sammlung
OR   Schweizerisches Obligationenrecht

Pr, Pra Praxis des Bundesgerichts
StGB Schweizerisches Strafgesetzbuch
ZGB   Schweizerisches Zivilgesetzbuch

III/2 Literatur

Walter Baldinger
«Konkubinats-Chind»
Seminararbeit
Universität Zürich 1982

Liliane Decurtins
«Konkubinat»
Cosmos-Verlag Bern 1983

Arbeitsgruppe der
Demokratischen Juristen
«Wenn zwei zusammenleben, Ratgeber
für Paare ohne Trauschein»
Unionsverlag 1983

Frank/Girsberger/Vogt etc.
«Die eheähnliche Gemeinschaft
(Konkubinat) im schweizerischen Recht»
Schulthess 1984

Danièle Ganancia und Elisabeth Cadot
«Guide de l'Union libre»
Paris 1980

François Höpflinger/Denise Erni-
Schneuwly (Hrsg.)
«Weichenstellungen»
Lebensformen im Wandel und
Lebenslage junger Frauen
Bern 1989

Eva Marie von Münch
«Zusammenleben ohne Trauschein»
dtv-Taschenbuch 1982

Friedmann Namgalies
«Die eheähnliche Gemeinschaft
im deutschen, französischen,
schweizerischen, englischen, dänischen
und tansanischen Recht»
Dissertation, Kiel 1978

Stephan Thurnherr
«Die eheähnliche Gemeinschaft
im Arbeitsrecht»
Verlag Stämpfli, Bern 1982

Daniel Trachsel
«Scheidung?»
Ein Ratgeber aus
der Beobachter-Praxis
Beobachter-Buchverlag
6. Auflage, Zürich 1992

Richard Frank (Hrsg.)
«Die eheähnliche Gemeinschaft in
Gesetzgebung und Rechtsprechung
der Bundesrepublik Deutschland,
Österreich und der Schweiz»
Helbing & Lichtenhahn, Basel 1986

Richard Frank (und andere Autoren)
«Die eheliche Gemeinschaft
(Konkubinat) im schweizerischen Recht»
Schulthess Polygraphischer Verlag
Zürich 1986

Peter Zihlmmann/Martin Jakob
«Mietrecht»
Ein Ratgeber aus
der Beobachter-Praxis
Beobachter-Buchverlag
Zürich 1993